神様と縁結び

東京ステキな神社の御朱印ブック

JN175877

ブルーガイド

はじめに

神社は全国各地に11万社以上もあるといわれ、東京にも1400以上の神社があります。そこに古くから祀られている神様にお願い事をしたり、神社の鎮座する聖地からパワーをいただくために、神社めぐりをする方たちも増えてきました。

そんな中で、今、人気を集めているのが「御朱印」です。御朱印は、神社を参拝した方だけに授与していただける、いわば参拝の証し。そこには拝礼した神様の御分霊をいただくという意味があります。

本書では、神社によって押し印も書き文字もさまざまに違う、魅力ある御朱印を選んでご紹介します。これまで神社では、お札やお守りしかいただいたことがなかったという方も、ぜひ御朱印の美しさや、手にしたときの感動を知っていただければと思います。

御朱印はお寺でもいただけるものですが、本書では神社めぐりの楽しみ方のひとつという意味で、神社の御朱印のみを取り上げています。また、最近では神社オリジナルの御朱印帳も登場しています。御朱印帳は和紙を蛇腹折りにして表紙をつけたもので、表紙のデザインも意匠を凝らした価値あるものです。美しい御朱印帳の数々は、本文でもご紹介します。

さて、御朱印をいただく神社を、どのようにして選べばよいのでしょうか。おすすめしたいのは、自分の家から一番近いところにある神社を訪ねることです。今住んでいる街の神社は、いわゆる氏神様ですので、まずはその神様と仲良くなることが、運気アップの一番の方法ではないでしょうか。当たり前のようにそこにあると思っていた神社に、思いがけず親しみを感じたり、謎やおもしろさを発見することもあります。

もちろん、御利益を期待して訪れた有名な神社でも、街歩きの途中で偶然めぐり合った神社でもいいのです。ご縁を感じた神社で、御朱印をいただいてみましょう。

自分だけのために、御朱印を書いていただく。それは神様とのご縁をよりいっそう強めてくれるに違いありません。

神社ライター・久能木紀子

神様と縁結び
東京ステキな神社の御朱印ブック

目次

はじめに 2
神社の御朱印の見かた 6
神社の参拝のしかた・御朱印のいただきかた 8
これだけは守りたい 御朱印拝受のマナー 10

第1章
テーマ別 御朱印セレクション
思わず集めたくなる、きれいで、かわいい御朱印22
色鮮やか 12
植物 15
生き物 19
ユニーク 24

第2章
御利益別 御朱印セレクション
心に秘めた願い事を、そっと託したくなる御朱印23
恋愛・縁結び 30
仕事運・勝運・学業成就 34
金運・商売繁盛 37
厄除け・健康 41
バッグに入れて持ち歩きたい! 美しい御朱印帳 45
御朱印が結ぶ、旅での縁と人との縁 相川七瀬 50

第3章
地図で歩く 御朱印名数めぐり
縁起のいい数字に導かれて、都心と下町を一日散歩
日本橋七福神めぐり 54
千住宿 千寿七福神めぐり 56
銀座八丁神社めぐり 58
東京十社と東都七天神 60
かわいいお守り 62

第4章

訪ねたい神社

見どころも縁起も多彩。
これぞ東京の16の神社

花の神社 …… 64
祭りの神社 …… 76
富士塚のある神社 …… 88
＊富士塚～転写された富士山～　有坂蓉子 …… 96

第5章

神社と神様の基礎知識

不思議でおもしろく、
知るほどに楽しい神様の世界

神様たちの素顔とは？
～御利益の由来を知ろう～ …… 100
神社には系統がある？
～お稲荷様、八幡様、天神様～ …… 103
東京の神社を深く知る
1 旧武蔵国には「一の宮」が二つある …… 104
2 出雲の神を祀る氷川神社が東京に多いわけ …… 105
3 国家鎮護の八幡神社、現世利益の稲荷神社 …… 106
4 東京は、江戸から続く結界都市 …… 107
索引図 …… 108
五十音順さくいん …… 110

本書の使いかた

- 神社の名称、祭神の表記は、各社のものに合わせました。同じ祭神でも表記が異なる場合があります。
- 祭神・御利益は主なものを紹介しています。
- 各神社のデータに使用した記号は以下を示しています。

…所在地
…電話番号
…最寄り駅からのアクセス

- 本書に掲載した情報は、平成27年（2015）10月末日現在のものです。
- 本書に掲載した御朱印・御朱印帳・お守り・神社の写真はすべて各社より掲載許可をいただいています。ブログ・HPなど電子データを含む無断転載は固くお断りします。

神社の御朱印の見かた

神社の御朱印のはじまりは

御朱印はもともとお寺ではじまり、写経を納めた証としていただくものでした。やがて庶民の間で神社を参拝することが日常的になると、参拝のしるしとして、神社でも授与されるようになりました。

朱印は、戦国武将たちが自分の書いた書状に朱《あか》い印を押して自筆の証明とした「朱印状」を由来とします。朱印入りの書は重要な書であることから、御朱印も神社によっては宮司《ぐうじ》様だけにしか書いていただけないところもあります。

御朱印には何が書かれているの

御朱印は、「墨書《ぼくしょ》」と「押し印」の二つで成り立っています。一般的に、墨書では右に「奉拝」の文字、真ん中に神社名、左に参拝日などを書いていただけます。

押し印とは、神社印や社務所印、社紋（神紋とも）をかたどった印のことです。社紋は、それぞれの神様の降臨の由来や、関わりの深い神使《しんし》や植物などをモチーフとして作られています。神霊のシンボルとされる「三《み》つ巴《どもえ》」は多くの神社の社紋となっています。

御朱印が導く神様とのご縁

御朱印は参拝をしたしるしとして授与されます。いただく前にまずは本殿の神様を参拝することを忘れないようにしましょう。御朱印をいただくことだけに意識が行きがちですが、御朱印集めが目的になってしまっては本末転倒です。

一筆ずつ心を込めて書いていただいた御朱印は、いわば神様の分霊。ご縁をいただいた神様を祀るのと同じ気持ちで、持ち帰ったあとは神棚や、専用の箱などに保管しましょう。

御朱印の基本スタイル

神社名
ここに手書きの神社名が書かれます。堂々とした美しい文字に感激

日付
参拝者には日付も大切な記念になるもの

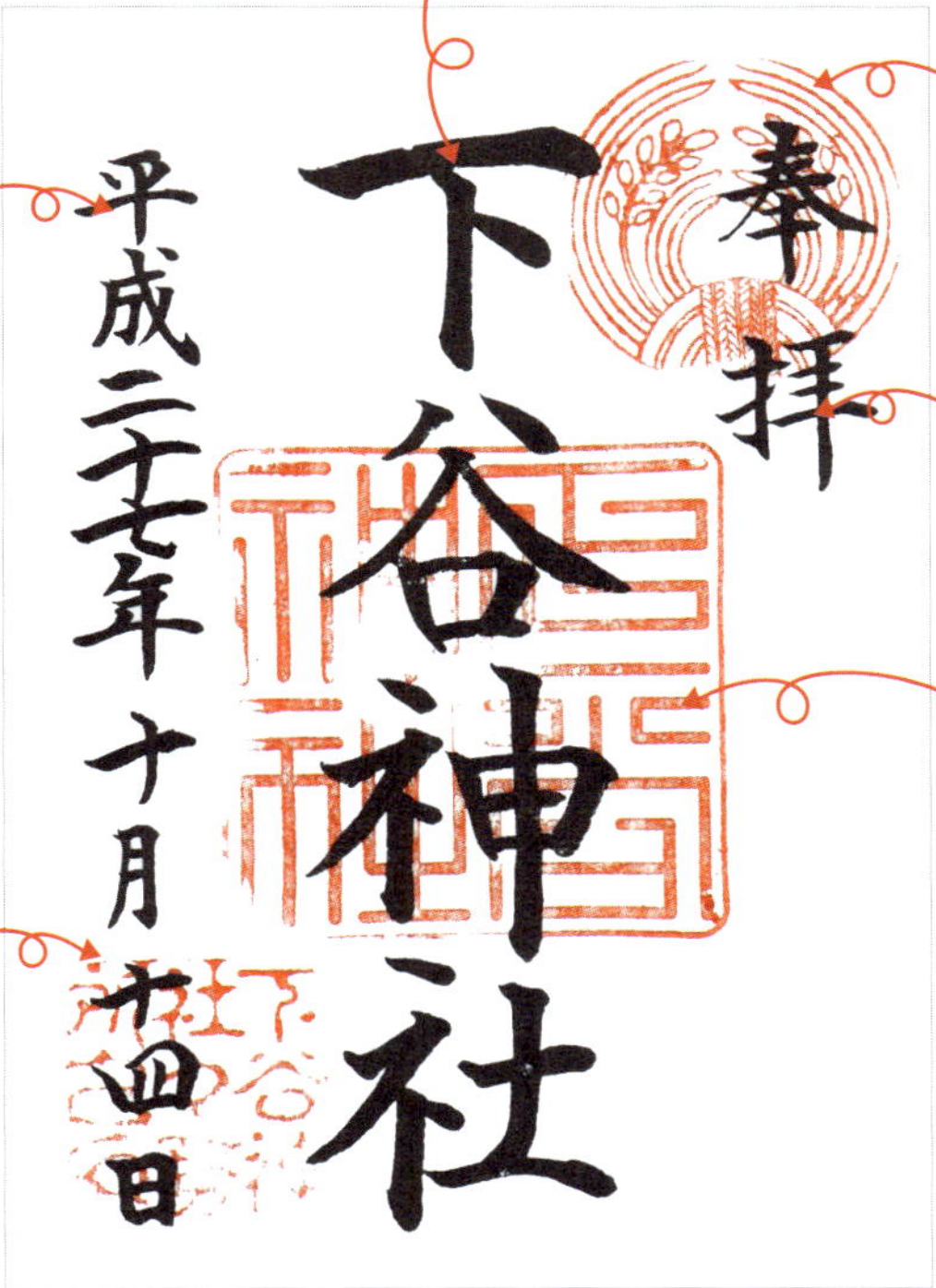

社紋
神社のシンボルマーク「社紋」は上部に押されます

奉拝の文字
「奉拝」とは「つつしんで拝します」の意

神社印
中央に神社名を刻した、大きな朱印が押されます

社務所印
御朱印を授与したというしるしに押されます

いろいろな社紋

菊	桜	三つ巴・椿	梅	烏・森・稲

阿佐ヶ谷神明宮	花園神社	水天宮	平河天満宮	烏森神社
▶P41	▶P38	▶P17	▶P17	▶P12

神社の参拝のしかた・御朱印のいただきかた

1 鳥居をくぐり神域へ

鳥居は神社の玄関にあたります。よその家を訪れたときと同じように、まず一礼をしてからくぐりましょう。帰るときも同様です。参道の中央は正中《せいちゅう》という神様の通り道なので、できれば左右に寄って歩き、やむを得ず横切るときにも、本殿に顔を向けて軽く一礼します。

マナー
- 鳥居の前で一礼してから境内へ
- 参道を横切るときも軽く一礼

2 手水舎《ちょうずや》で身を清める

手水を使うことは、神様の前に出るときに身の穢《けが》れを清めることと同じ意味があります。次の手順を柄杓《ひしゃく》一杯の水でおこないます。

柄杓に水を汲む↓左手を洗う↓右手を洗う↓左手に水を受け、口をすすぐ↓再度左手を洗う↓残った水を柄杓の柄に流して清める

マナー
- 「清め」となるので忘れずに！
- 柄杓に直接口をつけないこと

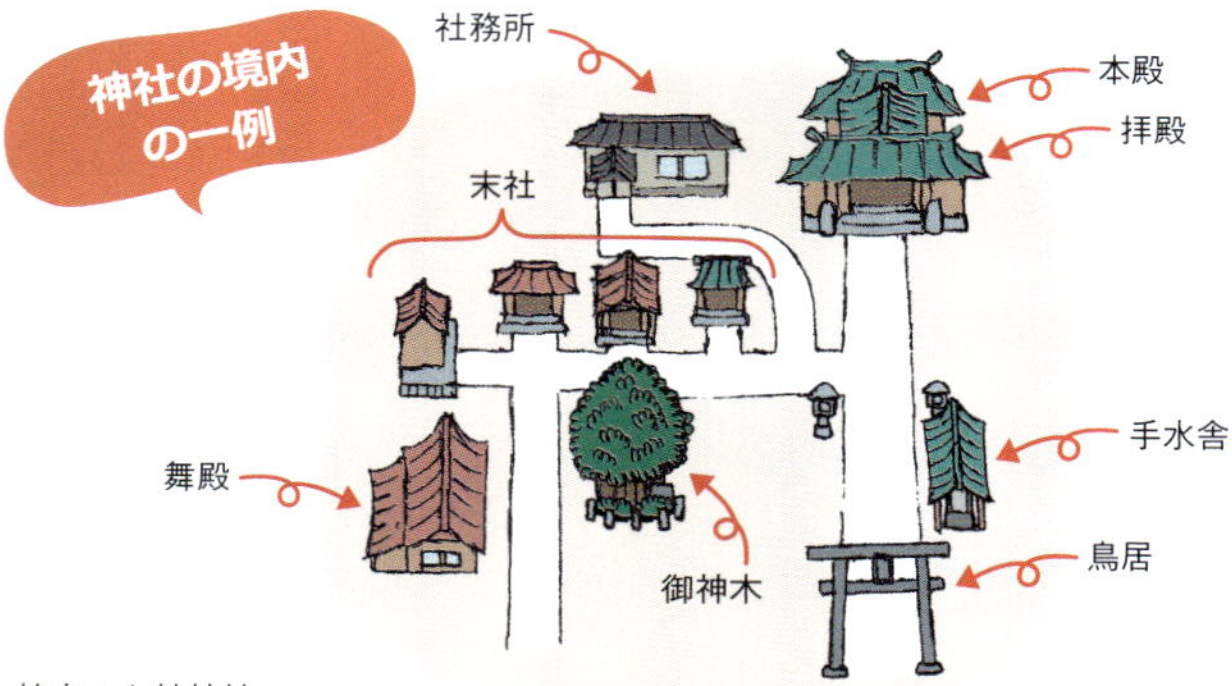

協力：七社神社

拝礼のしかた

3 拝殿前で拝礼する

拝殿前に進み、鈴があれば3回ほど鳴らし、お賽銭《さいせん》を納めます。拝礼は「二拝二拍手一拝」が基本です。できれば、拍手と祈念のときは、右手を左手より少し下げて合わせます。これは左が霊を表し、右が体を表すという「霊主体従」の思想で、神様に敬意を表すものです。

▲二拍手のあと、神様へのご挨拶と感謝、お願い事を（写真は白山神社）

マナー

- お賽銭は遠くのほうから投げないこと
- 退くときも、なるべくお尻を向けないように

4 社務所で御朱印をいただく

必ず参拝をすませてから、社務所か授与所で「御朱印をお願いします」と挨拶します。持参した御朱印帳があれば開いて手渡します。受け取るときは「ありがとうございます」とお礼を言い、初穂料を納めます。御朱印や初穂料を渡したり受け取るときは、なるべく両手で。

▲人の多いときは、御朱印をいただくのに並ぶことも（写真は神田神社）

マナー

- 御朱印を書いていただく間は絶対に話しかけない
- 御朱印の初穂料はお釣りのないよう小銭を用意しておく

これだけは守りたい 御朱印拝受のマナー

境内では心静かに過ごす

鳥居をくぐったら、そこからは神様の住まう領域。大きな声で話をしたり、音楽などを鳴らしたりするのは厳禁です。

御朱印をいただくのは参拝のあとで

まず拝殿前で神様にご挨拶して、訪問できたことを感謝し、願い事などをします。御朱印はそうしたのちに、神様の御分霊をいただくものです。

御朱印は二つと同じものはない

直筆で書かれる御朱印は、一枚ずつ異なっています。それもまたひとつの魅力です。

＊宮司様が不在のときは、書き置きの御朱印を授与される場合もあります。

御朱印帳を持参する

御朱印帳に書いていただけば、大切な御朱印を破損せずにすみます。ノートや手帳などに書いていただくことはできませんので念のため。

あらかじめ小銭を用意しておく

御朱印を書いていただいたお礼に渡す金銭のことを「初穂料」といいます。この呼び名は、神社に初穂（その年最初に収穫した農産物）を納めていたころの名残です。御朱印帳やお守りなどの価格も「初穂料」と称します。

御朱印と御朱印帳は大切に扱う

御朱印はお札やお守りと同じもの。神様の御分霊として扱ってください。御朱印帳は、神棚や清潔な棚などに納めます。一枚ずつの御朱印は専用の引き出しなどにしまいましょう。

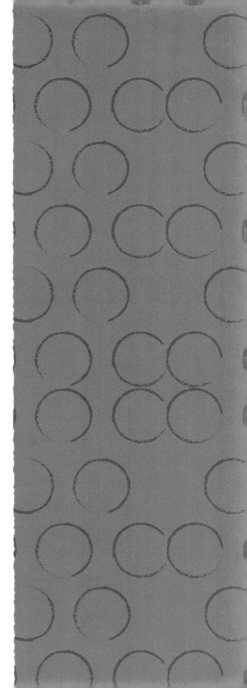

第1章

テーマ別 御朱印セレクション

思わず集めたくなる、
きれいで、かわいい
御朱印22

色鮮やか

御朱印の基本は、墨書に朱色の押し印の組み合わせですが、さまざまな色をあしらったカラフルな御朱印もあります。

4色の御神紋が鮮やか！どのお願いもかないそう

- 中央の字…烏森神社
- 右の字…東京新橋鎮座
- 中央の印…社紋（烏・森・稲）
- 四隅の印…社紋（三つ巴）

港区新橋　地図P109D

烏森神社《からすもりじんじゃ》

　にぎやかな新橋駅近くの烏森通りから一本路地に入ると、そこが烏森神社の参道です。ビジネスマンやOLが参拝する姿もよく見られます。平安時代、藤原秀郷《ふじわらのひでさと》が東夷《とうい》征伐を稲荷神社に祈願したところ、白狐より一本の矢を授かり、無事に成就したことからそのお礼に創建しました。

　御朱印の赤い社紋は恋愛、黄は金運、青は仕事、緑は健康を表し、人気の「心願色みくじ」もこの4色があります。願い札に願い事を書き奉納します。

御祭神　倉稲魂命・天鈿女命・瓊々杵尊
御利益　勝負運・商売繁盛・芸能上達

港区新橋2-15-5　03-3591-7865
JR山手線・東京メトロ銀座線新橋駅から徒歩2分　御朱印500円／9時～18時／社務所で授与

押し印は幸福をもたらす
龍神と白蛇さま

- 右の字…清浄
- 中央の字…蛇窪大明神
- 中央上の印…上神明天祖神社（形は八咫鏡）
- 右下の印…龍神
- 左下の印…白蛇

蛇窪大明神《へびくぼだいみょうじん》（上神明天祖神社《かみしんめいてんそじんじゃ》）

品川区二葉　地図P109C

元亨2年（1322）武蔵国《むさしのくに》一帯が大旱魃《かんばつ》にみまわれた際に、厳正寺《ごんしょうじ》の僧が龍神社に雨ごいの断食祈願をしたところ雨が降り、危機を免れました。これに感謝して現在地に神社を建てたと伝えられています。蛇窪とはこの地域の旧地名です。

境内の厳島《いつくしま》弁天社には、幸福をもたらすという白蛇大神《はくじゃのおおかみ》が祀られています。

◀9月の蛇窪祭で授与される特別御朱印

御祭神　天照大御神
御利益　除災招福・病気平癒・商売繁盛

品川区二葉4-4-12　03-3782-1711
地下鉄都営浅草線中延駅から徒歩5分
御朱印300円／9時～17時／社務所で授与

3色の押し印と2匹の狐がかわいい

- 右の字…奉拝・講標・五兵衛神社
- 中央の字…綾瀬稲荷神社
- 上の印…社紋（向稲穂）
- 下の印…稲荷神社・白狐一対

綾瀬稲荷神社《あやせいなりじんじゃ》

足立区綾瀬　地図 P109B

平成26年（2014）1月に創建400年を迎えた、地域に根ざした稲荷神社です。北野神社（通称綾瀬天神）、綾瀬神社と並ぶ綾瀬三社のひとつです。境内にある「落語狛犬」は落語家の三遊亭円丈《さんゆうていえんじょう》師匠が奉納。尾は扇の形、台座には手ぬぐいと扇子が置かれているなど、シャレの効いたデザインが笑いを誘っています。

御朱印の「五兵衛《ごへえ》神社」は、かつての地名に由来。巻物をくわえた狐の表情が、なんともユーモラスな御朱印です。

御祭神　宇迦之御魂命（別名 倉稲魂命）
御利益　商売繁盛・開運・厄除け

足立区綾瀬4-9-9　03-3606-2512
東京メトロ千代田線綾瀬駅から徒歩3分
御朱印300円／9時～17時／社務所で授与／不在の場合があるため遠方の人は事前に電話確認を

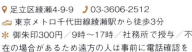

植物

境内に咲く桜、御祭神にちなむ梅や椿など、いろいろな草木の押し印が彩ります。

2種類の八重桜の押し印が鮮やか

●右の字…東京都北区西ヶ原鎮座
●中央の字…七社神社 ●右上の印…社紋（三つ巴）
●右下の印…八重桜（福禄寿） ●中央の印…七社神社
●左上の印…八重桜（御衣黄）
●左下の印…七社神社社務所之印

七社神社《ななしゃじんじゃ》

北区西ヶ原 地図P109A

飛鳥山《あすかやま》公園に隣接して、すがすがしい雰囲気の境内が広がっています。社名は七柱の神様を祀ることから。『江戸名所図会』によると、無量寺の境内（現在の旧古河《ふるかわ》庭園）に「七社《ななやしろ》」として祀られていました。

この神社のシンボルともいえるのが、拝殿の前に植えられた2本の八重桜。薄い桃色の「福禄寿《ふくろくじゅ》」、淡い緑色の「御衣黄《ぎょいこう》」が並んで咲く春の美しさは格別です。9月の秋分の日の例祭では、江戸囃子《ばやし》と里《さと》神楽《かぐら》が舞殿でにぎやかに演じられます。

「幸せを呼ぶ鈴」にも八重桜が（初穂料700円）

御祭神 伊邪那岐命・伊邪那美命ほか五柱
御利益 家内安全・厄除け

北区西ヶ原2-11-1 03-3910-1641
東京メトロ南北線西ヶ原駅から徒歩2分
御朱印300円／9時～17時（その前後でも対応可）／社務所で授与

高田《たかだ》總鎮守《そうちんじゅ》氷川神社《ひかわじんじゃ》

豊島区高田　地図P109A

江戸時代には氷川大明神と呼ばれ、御府内《ごふない》高田の里（現・高田、目白、雑司が谷、目白台）の氏神様として信仰されてきました。御朱印は境内社の高田姫《たかだひめ》稲荷神社と、別社の目白豊坂《めじろとよさか》稲荷神社も一緒に、3社分を授与しています。どれも色鮮やかな草花の押し印があしらわれ、季節ごとに絵柄も変わります。

⛩御祭神　素戔嗚尊・奇稲田姫命・大己貴命
⛩御利益　諸願成就・厄除け

豊島区高田2-2-18　03-3971-8649
都電荒川線面影橋停留所から徒歩3分　御朱印500円（高田姫稲荷神社・目白豊坂神社は各300円）、3社1000円／9時～17時（冬期は～16時30分）／社務所で授与。諸祭事により対応できない場合あり

「山吹の里氷川宮」は鎌倉・室町時代の御社名

● 右の字…山吹の里氷川宮 ● 右上の印…社紋（三つ巴） ● 中央上の印…高田總鎮守 ● 中央の印…氷川神社印 ● 中央下の印…松ぼっくり・もみじ

境内社・高田姫稲荷神社の御朱印

● 右の印…高田姫 ● 中央上の印…山吹・松ぼっくり ● 中央下の印…稲荷神社之印

別社・目白豊坂稲荷神社の御朱印

● 右の印…目白豊坂・松ぼっくり ● 中央上の印…稲荷神社之印 ● 中央下の印…もみじ・小菊

天満宮の御朱印なら やっぱり梅

●右の字…奉拝 ●中央の字…平河天満宮 ●中央の印…平河天満宮
●右下の印…梅 ●左上の印…社紋(梅) ●左下の印…平河天満宮社務所印

平河天満宮《ひらかわてんまんぐう》

千代田区平河町 地図 P109C

室町時代、平河城主だった太田道《おおたどう》灌《かん》が城内に菅原道真《すがわらのみちざね》公を祀ったのがはじまり。境内には撫《な》で牛のほか、4体の石牛が奉納されていてにぎやかです。梅の実がペアでなるという「縁結びの梅」もあります。

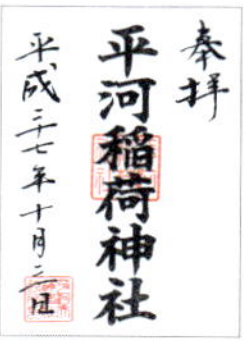

◀境内社・平河稲荷神社の御朱印

⛩御祭神 菅原道真公・誉田別命・徳川家康公
⛩御利益 学業成就・厄除け・商売繁盛

千代田区平河町1-7-5 03-3264-3365
東京メトロ半蔵門線半蔵門駅から徒歩1分
御朱印300円/9時～17時/社務所で授与

安産・子授けで有名な 水天宮の御朱印は椿

●右の字…奉拝 ●上の印…社紋(右は三つ巴・左は椿)
●中央の印…水天宮印

水天宮《すいてんぐう》

中央区日本橋蛎殻町 地図 P109D

安産・子授けの御神徳があるといわれ、昔、社殿の鈴紐をいただき腹帯とした人のお産が楽だったことから広まったそうです。特に「戌《いぬ》の日」は大にぎわいです。椿紋には、壇ノ《だんの》浦《うら》で入水した安徳天皇が実は一命を取り留め、のちに椿をめでて、玉江《たまえ》姫《ひめ》への想いをとこしえにと仰せられたという言い伝えがあります。

⛩御祭神 天御中主大神
⛩御利益 安産・子授け・厄除け

中央区日本橋蛎殻町2-4-1 非公開
東京メトロ半蔵門線水天宮前駅からすぐ
御朱印300円/8時～17時/社務所で授与

居木神社《いるぎじんじゃ》

品川区大崎 地図 P109C

大崎駅からほど近い高台にある神社です。日本武尊《やまとたけるのみこと》を主祭神とし、貴《き》船明神《ふねみょうじん》など4社の神々を合祀して五社明神と呼ばれました。居木神社の名に変わってからは、3社の神を合祀。多くの神様がいらっしゃる聖地です。春には境内の桜が満開に。正面階段左側の富士塚は「しながわ百景」に選ばれています。

御祭神
日本武尊
御利益
勝運・商売繁盛

品川区大崎3-8-20　03-3491-7490
JR山手線大崎駅から徒歩3分
御朱印500円／9時～17時／社務所で授与

境内の美しさが伝わる押し印

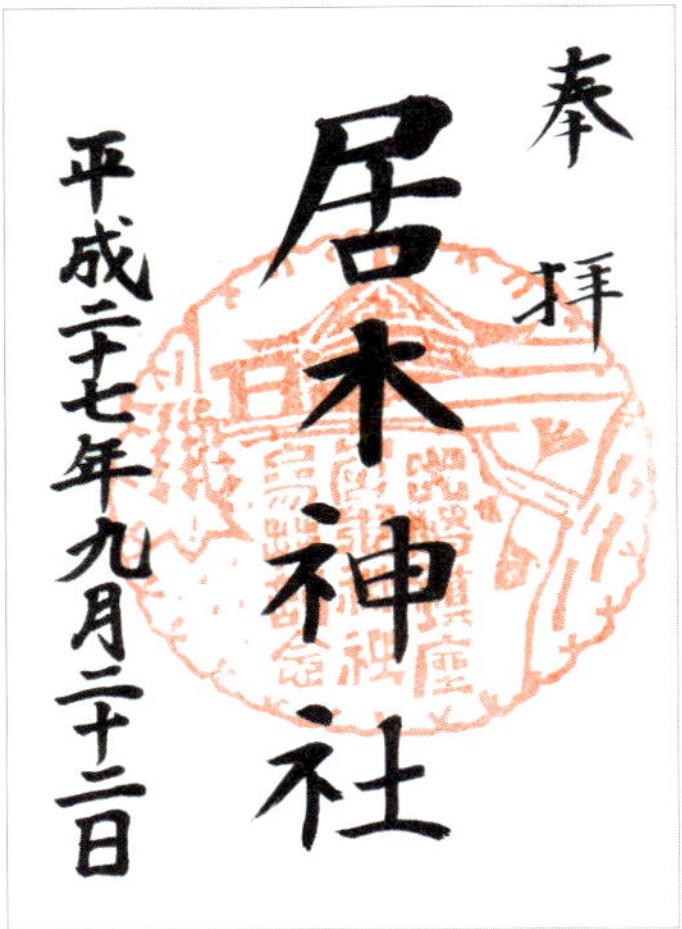

●右の字…奉拝 ●中央の字…居木神社
●中央の印…社殿・桜・大崎鎮座居木神社参拝記念

稲穂の社印と、すっきりした文字が粋

●右の字…奉拝 ●中央の字…下谷神社 ●右上の印…社紋（稲穂）
●中央の印…下谷神社 ●左下の印…下谷神社社務所之印

下谷神社《したやじんじゃ》

台東区東上野 地図 P109B

創建は古く、天平2年（730）と伝えられています。昔から「正一《しょういち》位《い》稲荷神社」と呼ばれ親しまれていたことから、あたりに稲荷町の町名が生まれました。戦災に遭いながらも昭和初期築の社殿は損傷を被ることなく、修繕を重ねながら現在に至っています。朝早くから地域住民の参拝が絶えない、下町の神社です。

御祭神
大年神・日本武尊
御利益　商売繁盛・家内安全

台東区東上野3-29-8　03-3831-1488
東京メトロ銀座線稲荷町駅から徒歩2分
御朱印300円／9時～17時／社務所で授与

生き物

猫に狐、馬や鷺、そして龍。動物にゆかりのある神社の御朱印は、楽しさいっぱい。

シンボルの招き猫が幸運を招く!

● 右の字…奉拝 ● 中央の字…今戸神社
● 右上の印…イチョウ・奉拝
● 右下の印…ペアの招き猫・招き猫発祥の地
● 中央の印…今戸神社
● 左下の印…福禄寿・今戸神社

今戸神社《いまどじんじゃ》

台東区今戸 地図P109B

縁結びに御利益があることで、女性に大人気の神社です。境内は願いの叶った人が奉納した、御礼や絵馬であふれかえっています。ここは今戸焼発祥の地でもあり、江戸時代には今戸焼の招き猫が大評判になりました。拝殿に鎮座する福禄寿様も今戸焼です。この福禄寿様は、浅草名所《などころ》七福神のひとつです。

平安時代に源頼《みなもとのより》義《よし》・義家《よしいえ》親子が京都の石清水八幡《いわしみずはちまん》を勧請《かんじょう》し、のちに白山神社が合祀されて、現在の今戸神社となりました。

⛩御祭神　応神天皇・伊弉諾尊・伊弉冉尊
⛩御利益　縁結び・勝運・商売繁盛

台東区今戸1-5-22　03-3872-2703
東京メトロ銀座線・地下鉄都営浅草線・東武線浅草駅から徒歩15分　御朱印300円／9時～17時／社務所で授与

ちょこんと並んだお狐様
いかにも御利益ありそう

● 右の字…奉拝
● 中央の字…被官稲荷神社
● 右上の印…東京浅草
● 中央の印…社紋（抱き稲）● 右下の印…お狐様
● 左下の印…被官稲荷神社

被官稲荷神社《ひかんいなりじんじゃ》

台東区浅草 地図 P109B

浅草神社の末社で、浅草神社の裏手の鬼門の位置に鎮座しています。江戸時代、町火消しの新門辰五郎《しんもんたつごろう》の妻が重病を患ったため、京都の伏見稲荷に参拝したところ、たちまち回復したことから、この地に伏見稲荷を勧請《かんじょう》しました。「被官」は出世という意味があるそうです。

目立たないところにありますが、地元の人々がひっきりなしに訪れる霊験あらたかな神社です。参道の鳥居は辰五郎の奉納(再建)。拝殿前の古い奉納鳥居も由緒を感じさせます。

▲キリリとした表情の狐像

御祭神
倉稲魂神
御利益 五穀豊穣・商売繁盛・仕事運・芸能上達

台東区浅草2-3-1　03-3844-1575（浅草神社）
東京メトロ銀座線・地下鉄都営浅草線・東武伊勢崎線浅草駅から徒歩7分　御朱印300円／9時～16時30分／浅草神社（P80）の社務所で授与

空から降りてきたという神馬が美しい

築土神社《つくどじんじゃ》

千代田区九段北 地図P109A

朝廷に反逆して討たれた平将門公《たいらのまさかど》の首を埋めて、津久戸明神としたのがはじまりという神社です。のちに江戸城を築いた太田道灌《おおたどうかん》が、城の乾《いぬい》（北西）の地に社殿を造営。何度かの移転後、現在地に鎮座しました。現在の主祭神は天孫・邇々杵尊《ににぎのみこと》ですが、今も将門公のパワーを感じることのできる神社です。

●右の字…奉拝 ●中央の字…築土神社 ●中央の印…築土神社 ●左下の印…築土神社之印 ●右下の印…将門公ゆかりの繋ぎ馬・社紋（九曜紋）

御祭神 天津彦火邇々杵尊・平将門公・菅原道真公
御利益 工事安全・勝運・学業成就

千代田区九段北1-14-21　03-3261-3365
東京メトロ半蔵門線・東西線、地下鉄都営新宿線九段下駅から徒歩1分　＊御朱印300円／9時～17時／社務所で授与／事前に電話を

長寿のシンボル、鶴と亀に心なごむ

第六天榊神社《だいろくてんさかきじんじゃ》

台東区蔵前 地図P109B

日本武尊《やまとたけるのみこと》が祀ったという榊皇大神《さかきのすめおおかみ》は「第六天」の名もあり、日本神話では神世七代の六代目にあたる、面足尊《おもだるのみこと》と惶根尊《かしこねのみこと》という夫婦神です。死というものを知らない最後の神々で、長寿を司っています。第六天榊神社は全国の第六天社の総本宮で、榊の木は古来、神様の依代《よりしろ》といわれています。絵馬の絵柄も榊です。

●右の字…總本宮第六天 ●中央の字…榊神社 ●中央の印…榊神社印 ●右下の印…鶴と亀

御祭神
榊皇大神
御利益
健康長寿・仕事運

台東区蔵前1-4-3　03-3851-1514
地下鉄都営浅草線蔵前駅から徒歩3分
＊御朱印300円／9時～16時／社務所で授与

絵馬▶

水辺に飛来する鷺の
羽を広げた姿が美しい

- 右の字…佃島
- 中央の字…住吉神社
- 中央の印…社紋（鷺）
- 左下の印…住吉神社社務所印

住吉神社《すみよしじんじゃ》

中央区佃　地図 P109D

神社がある佃島は、かつて江戸湊《えどみなと》の入り口に位置する人工の島でした。島を築いたのは徳川家康とともに江戸へきた摂津国《せっつのくに》の漁夫たちで、彼らが故郷の住吉社を勧請《かんじょう》したのが今の住吉神社のはじまりです。

海運業、各問屋組合をはじめ多くの人々から海上安全、渡航安全の守護神として信仰を集め、明治以降に埋め立てられて誕生した月島、勝どき、豊海、晴海などを含めた地域の氏神でもあります。下町情緒を色濃く残す周辺の散策も楽しみ。

御祭神　住吉三神・息長足姫命・東照御親命
御利益　海上安全・渡航安全

中央区佃1-1-14　03-3531-3500
東京メトロ有楽町線・地下鉄都営大江戸線月島駅から徒歩5分　＊御朱印300円／9時～17時／社務所で授与

太子堂八幡神社《たいしどうはちまんじんじゃ》

世田谷区太子堂　地図 P109C

閑静な住宅街にある、地元に溶け込んだ神社です。平安時代中期に源《みなもとの》頼義《よりよし》・義家《よしいえ》親子が奥州《おうしゅう》征伐の戦勝祈願をしたと伝える古社です。境内は樹木に囲まれ、樹齢約400年の大楠は一年中若芽が出るという縁起のいい御神木です。拝殿の鈴は小さい鈴を連ねてあり、涼やかな音色を響かせます。

⛩御祭神
応神天皇
⛩御利益　厄除け・健康・安産・商売繁盛

世田谷区太子堂5-23-5　03-3411-0753
東急世田谷線西太子堂駅から徒歩5分
＊御朱印300円／9時～17時／社務所で授与

2羽の鳩は八幡様のお使い

●右の字…奉拝・太子堂八幡神社 ●中央上の印…神使の鳩・社紋（三つ巴） ●中央の印…八幡神社 ●左上の印…瑞雲

社殿に彫刻された龍の姿を押し印に

●右の字…奉拝 ●中央の字…小網神社・記念章 ●右の印…強運厄除・東京銭洗い弁天 ●中央の印…参拝・小網神社・記念章 ●下の印…昇り龍と降り龍

小網神社《こあみじんじゃ》

中央区日本橋小網町　地図 P109D

文正元年（1466）に鎮座、平成28年には鎮座550年を迎えます。強運・厄除けの神様として知られ、第二次世界大戦では、お守りを受けた氏子の兵士は全員生還したそうです。東京大空襲で一帯が焼け野原になったときも、境内は戦禍を免れました。財運を授けるとされる弁財天、徳を授けるという福禄寿も祀っています。

⛩御祭神
倉稲魂神
⛩御利益　強運厄除け・財運向上・渡航安全

中央区日本橋小網町16-23　03-3668-1080
東京メトロ日比谷線人形町駅から徒歩5分
＊御朱印300円／9時～17時30分／社務所で授与

ユニーク

神社の成り立ちや、鎮座する場所に特徴があります。個性ある見た目には、それぞれ意味があるのです。

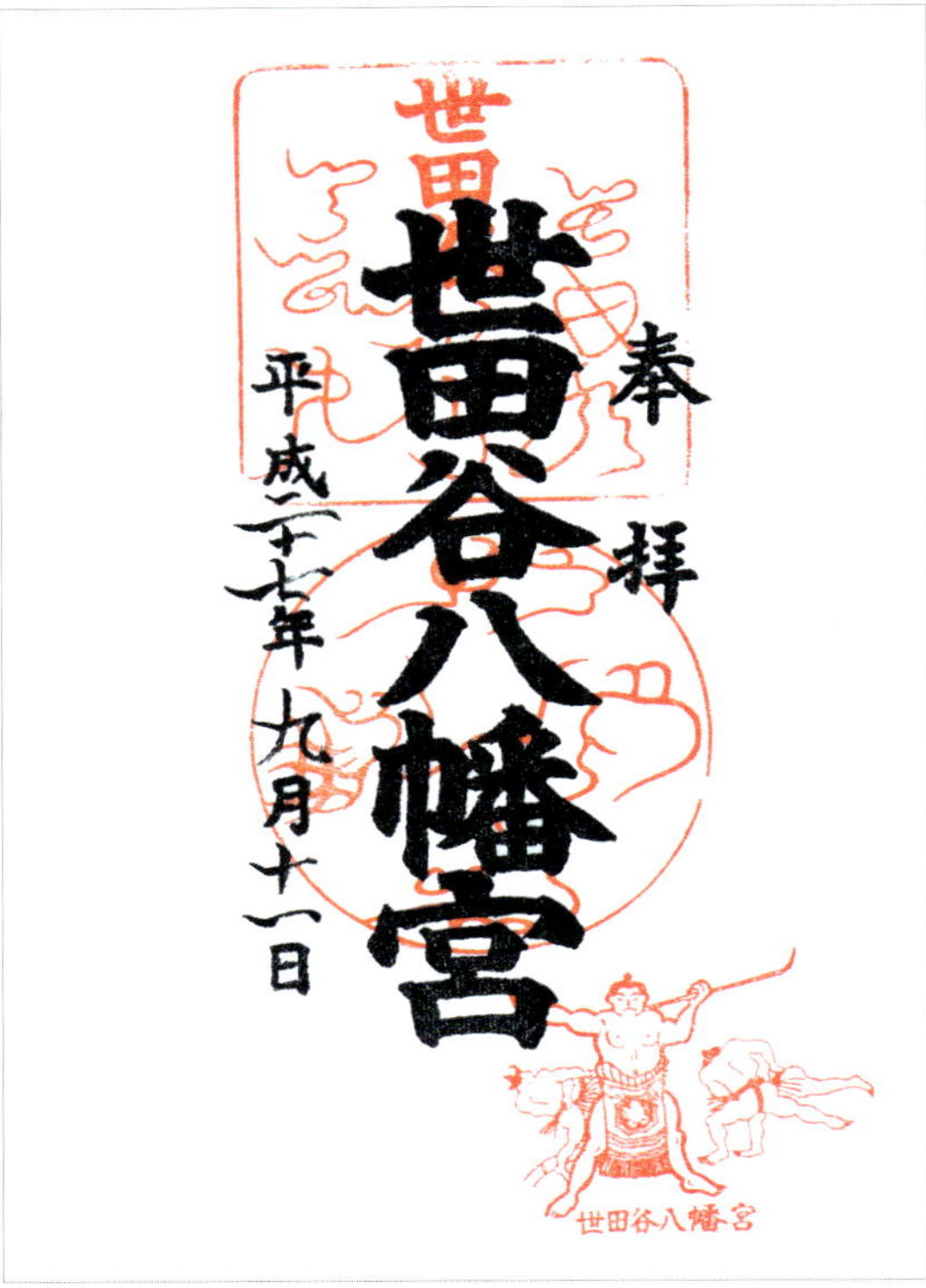

全国でもここだけ！力士が描かれた御朱印

- 右の字…奉拝
- 中央の字…世田谷八幡宮
- 中央上の印・中央の印…先代から伝わる、お札にも使われている絵柄
- 中央下の印…奉納相撲・世田谷八幡宮

世田谷八幡宮《せたがやはちまんぐう》

世田谷区宮坂　地図P108B

広々とした境内を持つ、世田谷の鎮守様です。平安時代、源義家《みなもとのよしいえ》が奥州《おうしゅう》征伐の戦勝御礼に九州の宇佐八幡宮を勧請《かんじょう》したのがはじまりで、戦国時代には世田谷城主の吉良《きら》氏が社殿を修築。徳川家康からも崇敬を受け、朱印地11石を賜ったそうです。

古くから相撲で豊凶を占う神事もおこなわれていました。境内には大きな土俵があり、円形劇場のように観客席もついています。現在も秋季大祭には、学生たちによる奉納相撲がおこなわれます。

御祭神　応神天皇・仲哀天皇・神功皇后
御利益　勝運・仕事運・縁結び

世田谷区宮坂1-26-3　03-3429-1732
東急世田谷線宮の坂駅から徒歩1分
御朱印300円／9時30分〜16時／社務所で授与

水の女神・弁天様は
女性の味方！

● 右の字…奉拝
● 中央の字…よしわら弁財天
● 右上の印…浅草名所七福神
● 中央上の印…辨財天・琵琶
● 中央下の印…吉原神社

吉原神社《よしわらじんじゃ》

台東区千束　地図 P109B

新吉原の遊郭の入り口と四隅に祀られていた稲荷社5社を、明治になって合祀したのがこの神社のはじまりです。のちに近くの池に祀られていた弁財天も合祀され、浅草名所《などころ》七福神のひとつでもあります。

上は七福神バージョン、左が抱き稲の社紋のある通常の御朱印です。昔から遊郭の女性たちにあつく信仰され、今も女性の願いを叶えてくれる神様です。

御祭神　倉稲魂命・市杵嶋姫命
御利益　家内安全・商売繁盛・金運

台東区千束3-20-2　03-3872-5966（千束稲荷神社）
地下鉄三ノ輪駅または入谷駅からいずれも徒歩15分　＊御朱印300円／10時〜17時（お正月は9時〜）／社務所で授与（欲しい絵柄を伝える）

「神ながらの道」のスピリットが伝わる

●中央の字…かんながら（神代文字）
●右上の印…顕幽無敵道（けんゆうむてきどう）
●中央の印…平田神社

平田神社《ひらたじんじゃ》

渋谷区代々木 地図P109C

代々木の住宅街にある神社です。御祭神は江戸時代の国学者で、神道家の平田篤胤大人《ひらたあつたねうし》。篤胤大人は古神道の提唱者で、日本古来の「惟神《かんながら》の道」に立ち返る思想を唱えました。明治時代に平田家邸内に、神として祀られています。

漢字伝来以前の日本で使われていたという、神代文字で書かれた御朱印がいただけるのは、東京でもここだけ。左は通常の御朱印です。

御祭神
平田篤胤大人命
御利益 学業成就・厄除け・健康

渋谷区代々木3-8-10 03-3370-7460
小田急線南新宿駅から徒歩5分
御朱印300円／9時～16時／社務所で授与（欲しい絵柄を伝える）／事前に電話連絡をしておくと確実

羽田神社《はねだじんじゃ》

大田区本羽田 地図 P109E

羽田の氏神様として、羽田全域に広く氏子を持つ神社です。羽田空港も氏子であるため、航空会社の崇敬の念もあつく、お正月はもちろん年間を通じて運航安全・航空安全祈願の参詣は欠かさないそうです。境内にある「羽田富士塚」の御朱印（上）もいただけます。

⛩御祭神
須佐之男命・稲田姫命
⛩御利益　航空安全・病気平癒・縁結び

大田区本羽田3-9-12　03-3741-0023
京浜急行大鳥居駅から徒歩5分
＊御朱印300円／9時～17時／社務所で授与（欲しい絵柄を伝える）

社殿の上を飛ぶ飛行機の押し印

●右の字…奉拝・羽田総鎮守　●中央の字…羽田神社
●中央の印…羽田神社　●右下の印…飛行機と日の丸・社殿・羽田神社

気象神社《きしょうじんじゃ》

杉並区高円寺南 地図 P108B

もとは旧陸軍気象部（現在の馬橋公園）内にあり、戦後に氷川神社の末社として遷座しました。御祭神の八意思兼命《やごころおもいかねのみこと》は、晴・曇り・雨・風・雷・霜・雪・霧など、八つの気象現象を司るお天気の神様。御朱印には傘と太陽、雲のかたちが隠れていますす。絵馬には下駄の絵が描かれていて、こちらもユニーク。

⛩御祭神
八意思兼命
⛩御利益
好天祈願・運気上昇

杉並区高円寺南4-44-19 氷川神社境内末社
03-3314-4147　JR中央線高円寺駅から徒歩4分　＊御朱印300円／9時～17時／氷川神社社務所で授与／不在の場合が多いため事前に電話を

太陽と傘、雲が隠れた押し印

●右の字…奉拝　●中央右の字…高円寺鎮守氷川神社
●中央左の字…日本唯一気象神社　●右下の印…氷川神社宮司之印
●中央の印…氷川神社の社印　●左下の印…気象神社（社印）

女性名誉宮司の短歌が人気

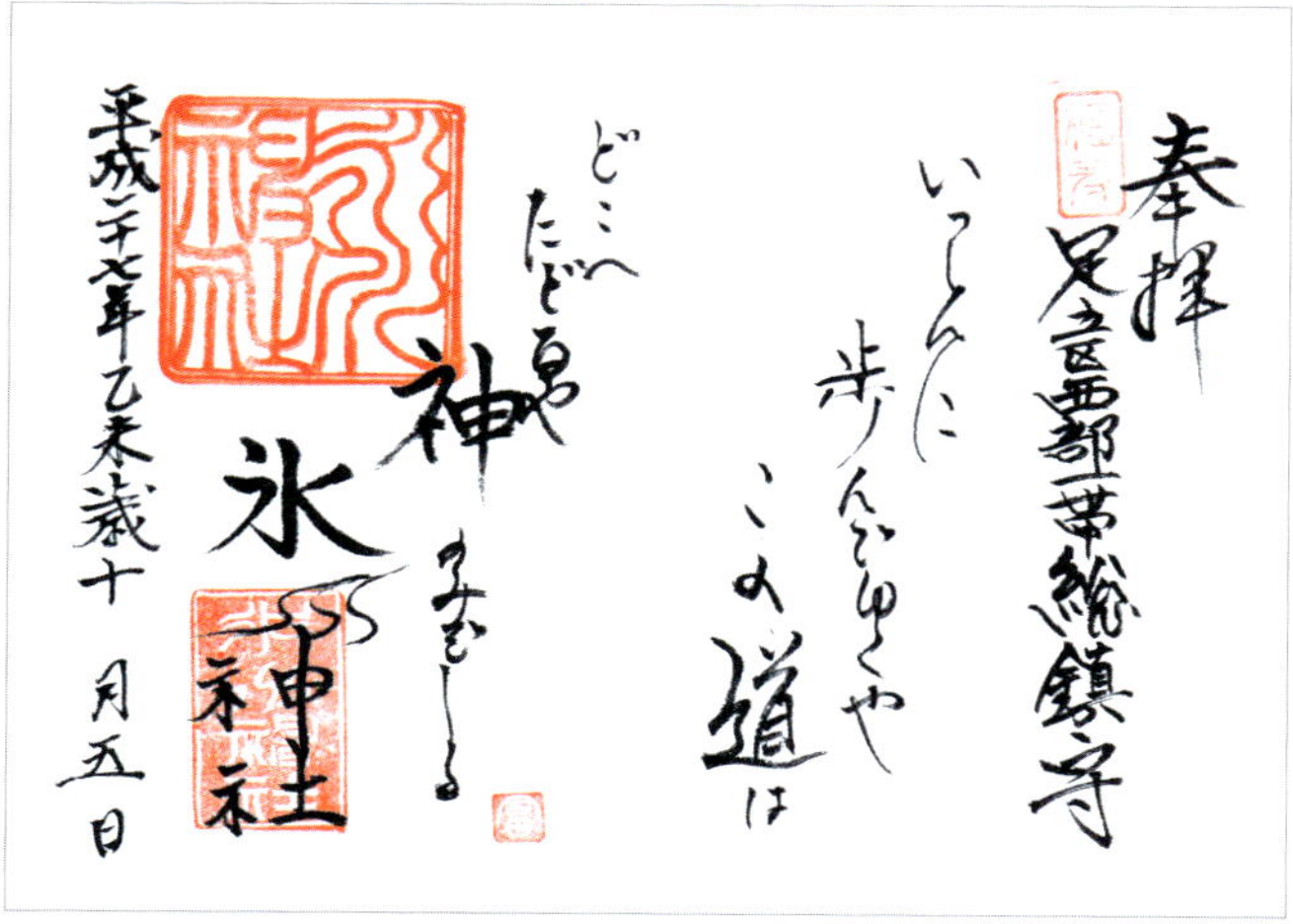

- 右の字…奉拝・足立区西部一帯総鎮守
- 中央の字…短歌（いっしんに歩んでゆくやこの道はどこへたどるや神のみぞしる）
- 左の字…氷川神社
- 右上の印…福寿
- 左上の印…氷川神社
- 左下の印…氷川神社・富

足立区江北　地図P109B

江北《こうほく》氷川《ひかわ》神社《じんじゃ》

秩父《ちちぶ》山系を水源とする荒川の流域にあり、古来より治水の守護神として素戔嗚尊《すさのおのみこと》を祀ってきました。神社一帯は荒川に身を投げた「足立姫伝説」発祥の地で、江戸時代には姫を供養するため行基《ぎょうき》が彫った「六阿弥陀」を詣でる人々でにぎわったと伝えられています。

御朱印に書かれている短歌は先代の女性宮司が日々心に思うことを詠んだもので、年の始めに新たにされます。その歴史は30年に及び、毎年楽しみに訪れる人も多いそうです。

御祭神
素戔嗚尊（主祭神）
御利益　開運厄除け・縁結び・安産

足立区江北2-43-8　03-3897-6483
日暮里舎人ライナー江北駅から徒歩12分
＊御朱印初穂料はお気持ちで／9時〜17時ごろ／社務所で授与／不在の場合もあるため事前に電話を

第2章

御利益別 御朱印セレクション

心に秘めた願い事を、
そっと託したくなる
御朱印23

恋愛・縁結び

恋も結婚も、まずは人との縁《えにし》から。御朱印の力強い文字が「しっかりね」と励ましてくださっています。

出雲大社東京分祠《いずもたいしゃとうきょうぶんし》

港区六本木 地図 P109C

出雲大社から御祭神を勧請《かんじょう》した、東京でただひとつの分祠です。はじめは明治11年（1878）に出雲大社の第八十代国造《くにのみやつこ》・千家尊福《せんげたかとみ》公が同じ大国主神《おおくにぬしのかみ》（大己貴神《おおなむちのかみ》）を祀る神田神社内に祀り、のちに現在地に移転しました。六本木という繁華街の一角にありますが、この社殿の前に立つとすっと心が静まります。

本家と同じく、ここ東京の出雲大社にも祓社があります。まず祓社で心身の穢《けが》れを祓い、二礼四拍手一礼の作法で参拝します。

さまざまなご「縁」がいただける

- 右の字…奉拝
- 中央の字…出雲大社東京分祠
- 右上の印…幸魂奇魂・守給幸給
- 中央の印…東京出雲大社分祠
- 左下の印…縁

⛩御祭神
大国主大神
⛩御利益 縁結び・商売繁盛・厄除け・健康

港区六本木7-18-5　03-3401-9301
東京メトロ日比谷線六本木駅から徒歩1分
御朱印300円／9時～17時／社務所で授与

赤坂氷川神社《あかさかひかわじんじゃ》

港区赤坂　地図 P109C

素盞嗚尊《すさのおのみこと》と妻の奇稲田姫命《くしいなだひめのみこと》、子孫である大己貴命《おおなむちのみこと》（大国主命《おおくにぬしのみこと》）を祀ります。天暦5年（951）に創祀。徳川八代将軍吉宗《よしむね》公が造営した現社殿は築286年。東京都の重要文化財に指定されています。高台にあって都心ながら古木に囲まれ、特に大イチョウ（天然記念物）はみごと。聖地の雰囲気に包まれています。

御祭神　素盞嗚尊・奇稲田姫命・大己貴命
御利益　厄除け・健康・縁結び・商売繁盛

港区赤坂6-10-12　03-3583-1935
東京メトロ千代田線赤坂駅、南北線六本木一丁目駅、日比谷線・地下鉄都営大江戸線六本木駅からいずれも徒歩8分　＊御朱印300円／9時～17時／社務所で授与

「氷川」の文字が独特

●右の字…奉拝　●右下の印…元准勅祭十社之内
●中央上の印…氷川神社　●中央下の印…東京赤坂鎮座

愛宕神社《あたごじんじゃ》

港区愛宕　地図 P109C

東京23区で最も高い、標高約26mの愛宕山にあります。徳川家康公の命により慶長8年（1603）に火伏せの神様として祀られました。西郷隆盛と勝海舟の話し合いがおこなわれるなど、歴史の舞台にもなっています。「出世の石段」（男坂）の霊験もあらたかとあって、ビジネスマンの姿が多く見られます。

御祭神
火産霊命
御利益　火難除け・商売繁盛・縁結び

港区愛宕1-5-3　03-3431-0327
東京メトロ日比谷線神谷町駅から徒歩6分
＊御朱印300円（通常。祭事の際は変更あり）／9時～17時／社務所で授与

シンプルでわかりやすい御朱印

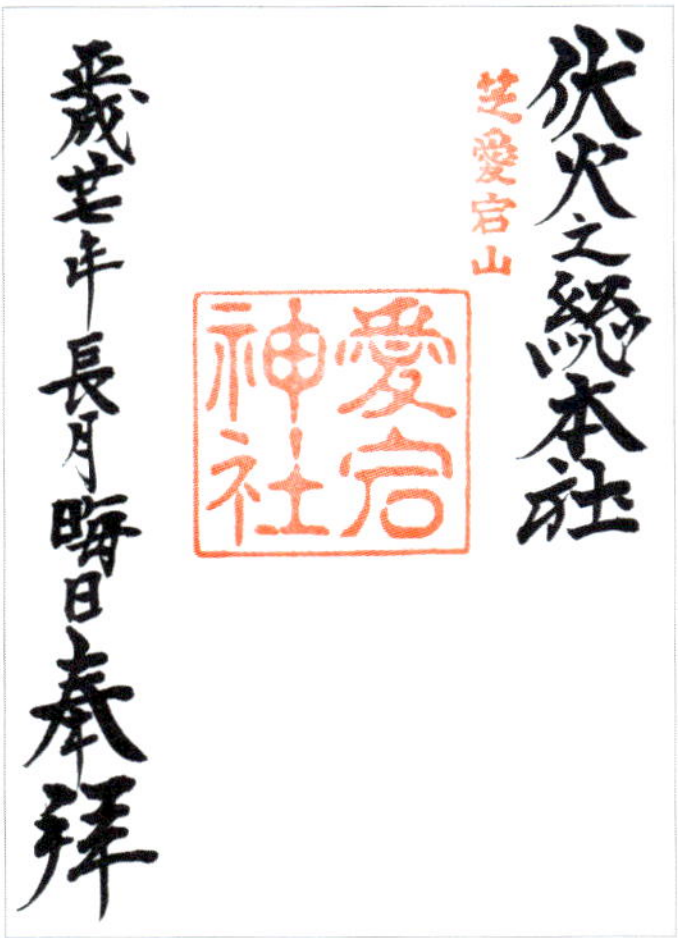

●右の字…火伏之総本社　●左下の字…奉拝　●右上の印…芝愛宕山
●中央の印…愛宕神社

美しさとともに
力強さを感じさせる

- 右の字…奉拝
- 中央の字…多摩川浅間神社
- 右上の印…田園調布鎮座
- 中央の印…浅間神社

多摩川《たまがわ》浅間神社《せんげんじんじゃ》

大田区田園調布　地図P109E

多摩川沿いの小高い台地にある源頼朝《みなもとのよりとも》公の妻・政子ゆかりの神社です。豊島郡滝野川へ出陣した夫の後を追ってきた政子は、足の傷をいやすためこの地に滞在しました。その際、遠くに見える富士山の浅間神社に夫の武運を祈り、正観音像を祀ったというのが創建の由来です。

境内へは富士塚を登って入ります。じつはこの神社は前方後円墳の上に立っているのです。付近には有名な古墳群もあり、古来の聖地だったのでしょう。

⛩御祭神
木花咲耶姫命
⛩御利益　安産・厄除け・健康・縁結び

大田区田園調布1-55-12　03-3721-4050
東急東横線・多摩川線多摩川駅から徒歩2分
御朱印300円／9時～17時30分／社務所で授与

大國魂神社《おおくにたまじんじゃ》

府中市宮町 地図 P108A

御祭神の大國魂大神《おおくにたまのおおかみ》は、出雲の大《おお》国主神《くにぬしのかみ》と同じ神様と考えられています。この地に国府が置かれたことから旧武蔵国《むさしのくに》の総社となり、一の宮から六の宮までの神々を迎えて「六所《ろくしょ》宮」とも呼ばれました。堂々たる社殿や随神門、古木の並ぶ参道など、まさしく武蔵国の鎮守ならではの風格です。

御祭神
大國魂大神
御利益 縁結び・厄除け・健康

府中市宮町3-1　042-362-2130
JR南武線・武蔵野線府中本町駅または京王線府中駅からいずれも徒歩5分
＊御朱印300円／9時～17時／社務所で授与

シンプルさに
ありがたみを感じる

● 右の字…奉拝 ● 中央の字…武蔵總社・大國魂神社
● 中央の印…大國魂神社印 ● 左下の印…大國魂神社社務所印

これぞ御朱印の王道
といった趣がある

● 右の字…奉拝 ● 中央の字…東京大神宮
● 中央の印…東京大神宮

東京大神宮《とうきょうだいじんぐう》

千代田区富士見 地図 P109A

明治13年（1880）に創建され、「東京のお伊勢さま」と親しまれている神社です。伊勢神宮と同じ天照皇《あまてらすすめ》大神《おおかみ》と豊受大神《とようけのおおかみ》をお祀りするほか、併せ祀られている造化の三神が万物の「結び」の働きを司ることや、日本ではじめて神前結婚式をおこなった神社であることから、縁結びの御利益で知られています。

御祭神 天照皇大神・豊受大神・造化の三神
御利益
縁結び・心願成就

千代田区富士見2-4-1　03-3262-3566
JR中央線・地下鉄飯田橋駅から徒歩5分
＊御朱印300円／9時～17時／授与所で授与

仕事運・勝運・学業成就

仕事の神様、勉強の神様に後押ししていただければ、百人力！

福徳神社《ふくとくじんじゃ》

中央区日本橋室町　地図P109D

福徳村の稲荷神社として祀られたことが社名の由来です。主祭神の倉稲魂命《うかのみたまのみこと》は生業・仕事の神様です。江戸時代に富籤《とみくじ》（宝くじの原型）の発行が許された数少ない社寺のひとつで、当選祈願に訪れる参拝者が絶えません。社殿の前には神楽鈴《かぐらすず》が置かれ、自分で宝くじの鈴祓《すずはらい》ができます。授与所では富籤守が享《う》けられます。

▲神楽鈴

歳時などに合わせて授与される特別御朱印

- 中央の字…福徳神社
- 右下の印…七夕飾り（特別御朱印）
- 中央の印…福徳神社

◀通常の御朱印

御祭神　倉稲魂命
御利益　五穀豊穣・生業の繁栄・金運

中央区日本橋室町2-4-14　03-3276-3550
東京メトロ銀座線・半蔵門線三越前駅から徒歩1分　＊御朱印300円／10時～15時／授与所で授与／特別御朱印の授与日はHPなどで確認を

皆中稲荷神社《かいちゅういなりじんじゃ》

新宿区百人町　地図 P109A

天保2年（1533）に稲荷之大《いなりのおお》神《かみ》を祀ったのがはじまりです。18世紀末の寛政年間に、鉄砲百人隊がこの地に駐屯。射撃の腕に悩む鉄砲隊与力の夢枕に稲荷之大神が立ち、翌日お参りすると百発百中、見事な射撃ができるようになったことから「皆中《みなあたる》の稲荷」と呼ばれるようになりました。

御祭神　倉稲之魂之大神・伊邪那岐之大神・伊邪那美之大神　**御利益**　勝運向上・くじ運上昇

新宿区百人町1-11-16　03-3361-4398
JR山手線新大久保駅から徒歩2分
御朱印300円／9時～17時／社務所で授与

鉄砲百人隊ゆかりの押し印に注目

●右の字…奉拝 ●中央の字…皆中稲荷神社 ●右上の印…社紋（稲穂） ●右下の印…鉄砲組・萬事的中・皆中・百人同心・福運之守 ●中央の印…皆中稲荷神社 ●左下の印…皆中稲荷神社之印

西向天神社《にしむきてんじんしゃ》

新宿区新宿　地図 P109A

正式な名前は大久保天満宮ですが、社殿が西を向いているため西向天神社と呼ばれ親しまれています。社伝によると安貞2年（1228）、明恵《みょうえ》上人がこの地の住民とともに祠堂を建て、菅原道真《すがわらのみちざね》公自作の尊像を祀ったのがはじまりとされています。新宿の繁華街の近くにあるとは思えない、静かな境内です。

御祭神
菅原道真公
御利益　学業成就・学力向上・地域の鎮護

新宿区新宿6-21-1　03-3351-5875
東京メトロ副都心線東新宿駅から徒歩5分
御朱印300円／9時～17時／社務所で授与

東大久保は江戸時代の村の名前

●右の字…東大久保 ●中央の字…西向天神社 ●下の印…西向天神社 ●上の印…武蔵国・西向天満宮・大久保郷

三囲神社《みめぐりじんじゃ》

墨田区向島　地図P109B

古くは「田中稲荷」と呼ばれ、のちに「みめぐり稲荷」と呼ばれるようになりました。江戸時代は豪商三井家が守護社として崇め、社殿を造営しました。今も商売繁盛を願い、三井家による祭祀がおこなわれています。石造りの三柱鳥居や、かつて池袋三越の店頭に置かれていたライオン像もあります。

御祭神
宇迦之御魂命
御利益
商売繁盛・仕事運

墨田区向島2-5-17　03-3622-2672
東武伊勢崎線とうきょうスカイツリー駅から徒歩8分　御朱印300円／9時～17時／社務所で授与

隅田川七福神の恵比寿と大黒の印も

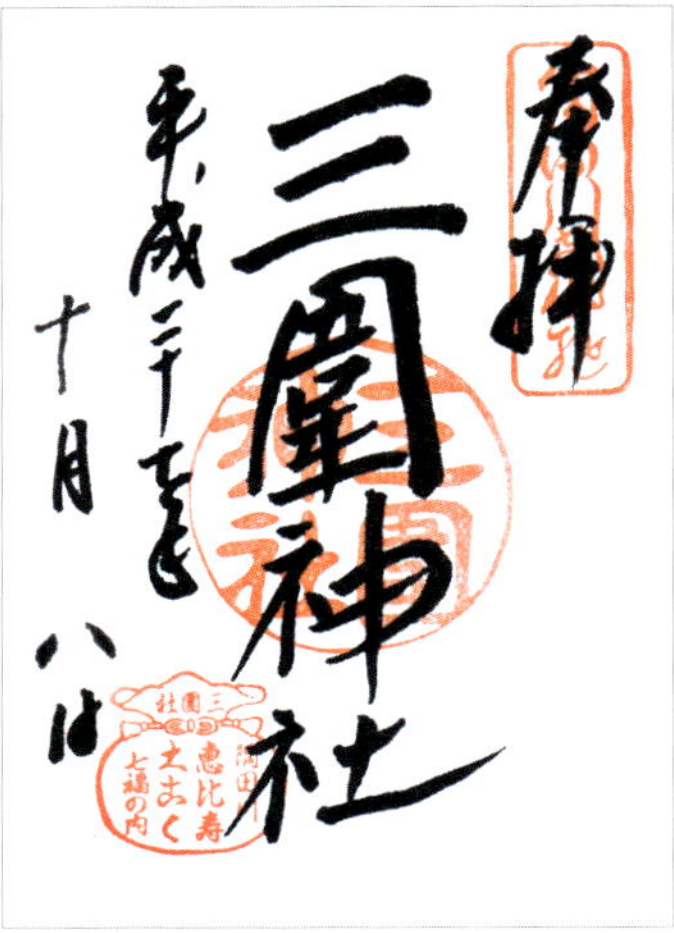

●右の字…奉拝 ●中央の字…三圍神社 ●右上の印…角田川七福神 ●中央の印…三圍神社 ●左下の印…三圍社・隅田川・恵比寿・大こく・七福の内

関屋天満宮《せきやてんまんぐう》

足立区千住仲町　地図P109B

天暦3年（949）、菅原道真《すがわらのみちざね》公自作の百体彫刻の一体を祀ったことにはじまると伝えます。元は隣の関屋の里にありましたが、度重なる出水のため今の氷川神社の境内に遷ったといいます。社殿は新築する予定で現在は鳥居の後ろに御幣が立てられ、御神体は氷川神社の本殿に安置されています。

御祭神
菅原道真公
御利益
学業成就・学力向上・字の上達

足立区千住仲町48-2　03-3881-5271（氷川神社）
JR常磐線、東京メトロ日比谷線・千代田線、東武伊勢崎線北千住駅から徒歩10分　御朱印300円／随時（不在の場合あり）／社務所で授与

江戸をしのぶ旧地名「掃部宿《かもんじゅく》」の印を押す

●右の字…奉拝 ●右下の印…千住掃部宿 ●中央の字…関屋天満宮 ●中央の印…社紋（八咫鏡・天満宮）

金運・商売繁盛

縁起のよさはもちろん、粋な下町の気っ風を伝える御朱印ばかり。

「酉の市」の神社らしくにぎやかな御朱印

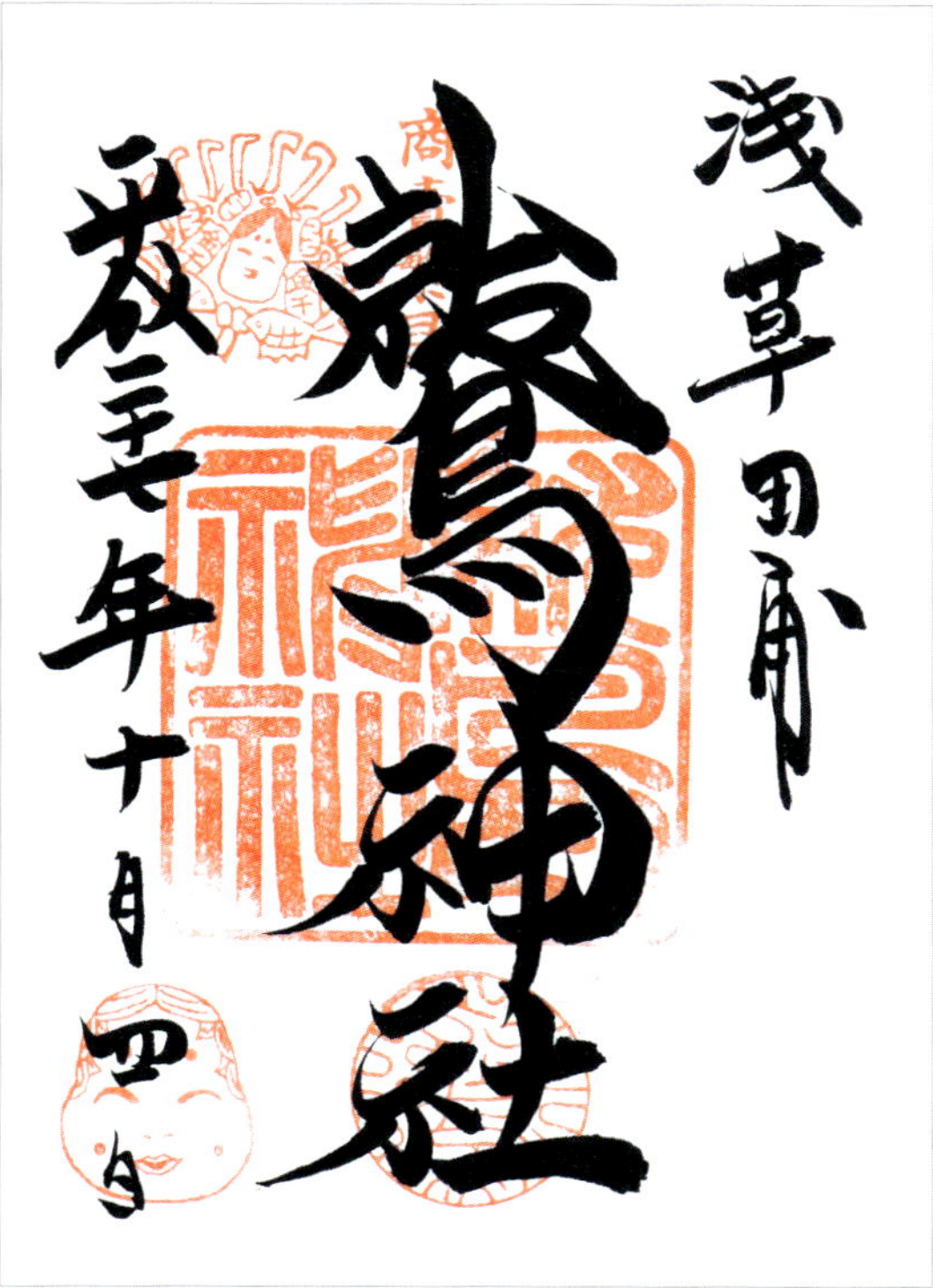

- 右の字…浅草田甫
- 中央の字…鷲神社
- 中央上の印…商売繁昌・熊手
- 中央の印…鷲神社
- 中央下の印…鷲
- 左下の印…おかめ

鷲神社《おおとりじんじゃ》

台東区千東 地図P109B

毎年11月の酉《とり》の日の午前零時に一番太鼓が鳴り、一年でもっともにぎわう「酉の市」がはじまります。ここ鷲神社は酉の市発祥の神社で、「おとりさま」の名で親しまれています。樋口一《ひぐちいち》葉《よう》の『たけくらべ』にも、その様子が描かれています。

賽銭箱の上には、縁起物の熊手に付きもののおかめの顔を巨大にした「なでおかめ」が置かれています。御利益はなでる場所によって異なり、商売繁盛を願って鼻をなでられることが一番多いそうです。

⛩御祭神 天日鷲命・日本武尊
⛩御利益 商売繁盛・金運・縁結び

台東区千東3-18-7 03-3876-1515
東京メトロ日比谷線入谷駅から徒歩7分
御朱印300円／9時～17時／社務所で授与

社名にちなむ桜の押し印

- 右の字…奉拝
- 中央の字…新宿総鎮守・花園神社
- 中央上の印…社紋（桜・花園）
- 中央下の印…花園神社

新宿区新宿　地図P109A

花園神社《はなぞのじんじゃ》

江戸開府（1603年）以前から新宿の総鎮守として信仰を集め、寛永年間までは現在の伊勢丹新宿店の近くにありました。11月の酉の市は有名で、商売繁盛の熊手を商う露店が境内を埋め尽くし、参拝客が押し寄せる様は壮観です。

社殿は江戸時代から幾度も大火によって焼失の被害に遭い、その再建のため境内に劇場を作り見世物や演劇などを催しました。そのため芸能とも縁が深く、現在でも新しい文化を育む発信地となっています。

御祭神　倉稲魂神・日本武尊・受持神
御利益　商売繁盛・芸道成就

新宿区新宿5-17-3　03-3209-5265
東京メトロ丸ノ内線・副都心線、地下鉄都営新宿線新宿三丁目駅からすぐ　＊御朱印300円／9時〜18時／社務所で授与

虎ノ門金刀比羅宮《とらのもんことひらぐう》

港区虎ノ門 地図 P109C

金刀比羅宮の本宮は香川県にありますが、江戸時代に京極家の藩邸に勧請《かんじょう》され、現在地に遷座して庶民の崇敬を受けました。社紋の陰紋《かげもん》が羽《は》団扇《うちわ》なのは、畏敬の念から「こんぴらさん」には天狗がいるという騒動が起こったためです。末社の「結《むすび》神社」では、社務所で授与された赤い紐を結んで良縁を祈願します。

⛩御祭神　大物主神・崇徳天皇
⛩御利益　商売繁盛・海上安全・厄除け

港区虎ノ門1-2-7　03-3501-9355
東京メトロ銀座線虎ノ門駅から徒歩1分
＊御朱印初穂料はお気持ちで／8時30分～17時30分（土・日曜、祝日は9時～16時）／社務所で授与

丸金に羽団扇、2つの社紋が印象的

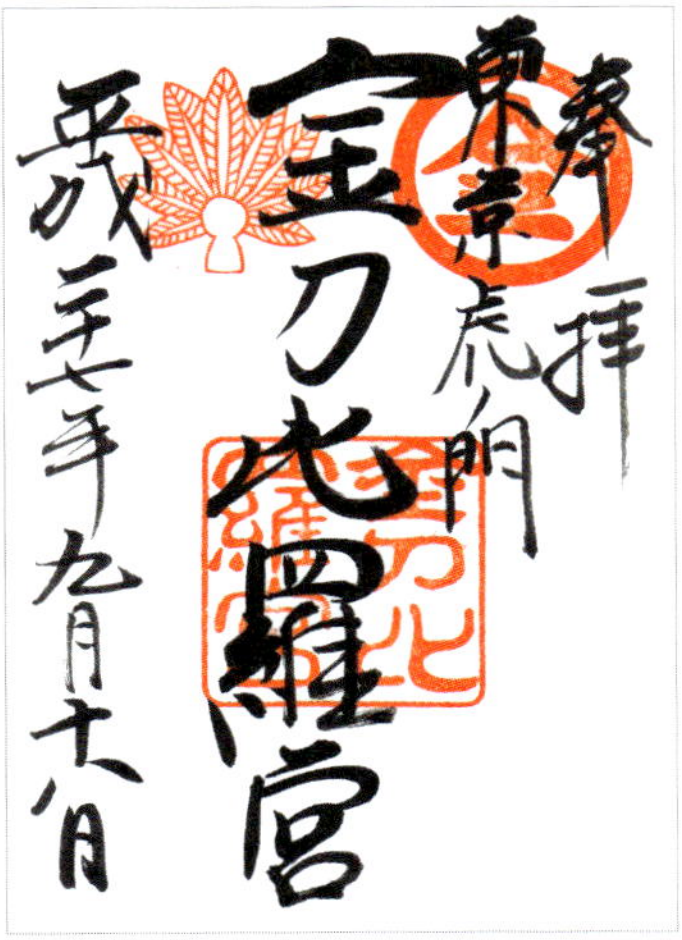

●右の字…奉拝 ●中央の字…東京虎ノ門・金刀比羅宮 ●中央の印…金刀比羅宮 ●右上の印…社紋（丸に金） ●左上の印…陰紋（羽団扇紋）

布多天神社《ふだてんじんしゃ》

調布市調布ヶ丘 地図 P108B

1900年以上も昔の創建と伝わり、平安時代の法典『延喜式《えんぎしき》』にも名のある古社です。現在地に移転前の鎮座地は「古天神《ふるてんじん》」と呼ばれ、縄文遺跡なども見つかっています。御祭神は国土開発に携わった少名毘古《すくなびこ》那神《なのかみ》と学問の神・菅原道真《すがわらのみちざね》公。江戸時代に甲州街道ができて以降、五つの宿《しゅく》の総鎮守となりました。

⛩御祭神　少名毘古那神・菅原道真公
⛩御利益　厄除け・健康・商売繁盛・学業成就

調布市調布ヶ丘1-8-1　042-489-0022
京王線調布駅から徒歩5分
＊御朱印300円～／9時～17時／社務所で授与

「式内郷社」の押し印に由緒を感じる

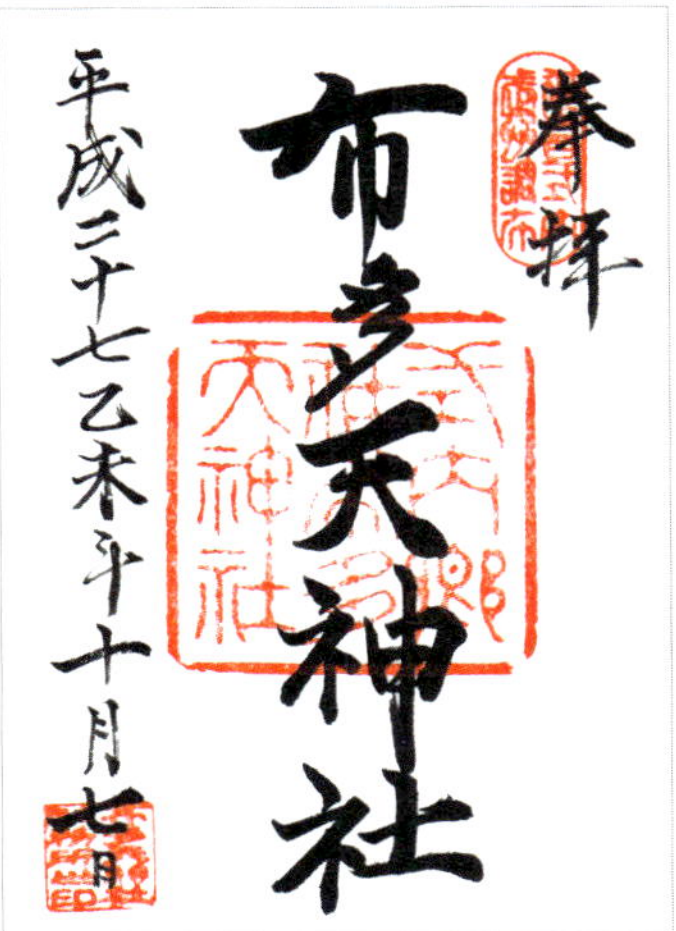

●右の字…奉拝 ●中央の字…布多天神社 ●右上の印…延喜式内武州調布 ●中央の印…式内郷社布多天神社 ●左下の印…布多天神社社務所之印

十番稲荷神社《じゅうばんいなりじんじゃ》

港区麻布十番 地図 P109C

戦災で焼失した末広《すえひろ》神社と竹長稲《たけながいな》荷《り》神社を合併し改称した神社です。麻布十番商店街に近い街中なので境内は大きくありませんが、いつでも誰かが参拝しています。江戸時代、一帯で起きた大火を池にすむ蛙《かえる》が、水をかけて消してくれたという伝承があり、階段下にある蛙の親子像が人気です。

⛩御祭神　倉稲魂命・日本武尊・宗像三女神
⛩御利益　商売繁盛・勝運・芸能上達

港区麻布十番1-4-6　03-3583-6250
地下鉄都営大江戸線麻布十番駅からすぐ
＊御朱印300円／9時～17時／社務所で授与

直筆の文字と押し印のコントラストが美しい

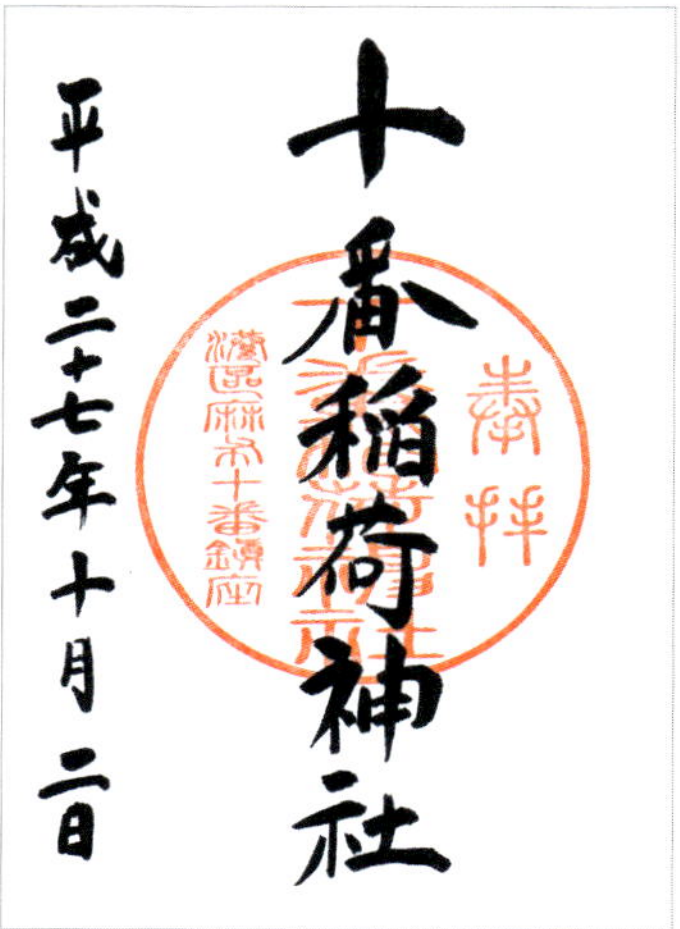

● 中央の字…十番稲荷神社
● 中央の印…奉拝・十番稲荷神社・港区麻布十番鎮座

穴守稲荷神社《あなもりいなりじんじゃ》

大田区羽田 地図 P109F

文化元年（1804）ごろ、鈴木新田《しんでん》（現在の羽田空港内）開墾《かいこん》の際、激しい波で沿岸の堤防が崩れ大穴があき、困った村民たちは堤上に祠を祀りました。これが神社の創始です。終戦直後、羽田空港拡張のため米軍から48時間以内の強制撤去を命じられ、地元有志が寄進した現在地に移転しました。

⛩御祭神
豊受姫命
⛩御利益　商売繁盛・家内安全・心願成就

大田区羽田5-2-7　03-3741-0809
京浜急行空港線穴守稲荷駅から徒歩3分
＊御朱印300円／9時～17時／社務所で授与

豊かな実りを象徴する稲穂をあしらった社紋

● 右の字…奉拝
● 中央上の印…社紋（穴守・稲穂）
● 中央の字…穴守稲荷神社
● 中央下の印…穴守稲荷神社
● 右上の印…東京羽田鎮座

厄除け・健康

心も体もすこやかに生きていきたい。そんな願いを、そっと受け止めていただきましょう。

伊勢神宮の鳥居がお木曳きに

- 右の字…奉拝
- 中央の字…神明宮
- 右下の印…唯一八難除
- 中央上の印…皇室紋（十六八重表菊）
- 中央の印…神明宮印
- 左下の印…お木曳き・神明宮

阿《あ》佐《さ》ヶ《が》谷《や》神《しん》明《めい》宮《ぐう》

杉並区阿佐谷北　地図 P108B

　御垣内の中の本殿に天照大御神《あまてらすおおみかみ》、その左右に月読命《つくよみのみこと》と須佐之男命《すさのおのみこと》をお祀りする、全国でも珍しい神社です。「八難除け」の祈祷をおこなっているのも全国でここだけ。年回りや方位による厄のすべてを祓っていただけます。

　平成25年(2013)に式年遷宮を終えた伊勢神宮から一基の鳥居が下賜されました。平成27年(2015)にこの鳥居を氏子たちの手で曳き廻して宮入りさせる「お木曳《きひ》き行事」がおこなわれ、現在は本殿前に立っています。

⛩御祭神
天照大御神
⛩御利益　厄除け・健康・心願成就

杉並区阿佐谷北1-25-5　03-3330-4824
JR中央線阿佐ヶ谷駅から徒歩2分
✻御朱印300円／8時30分〜16時30分／社務所で授与

代々木八幡宮《よよぎはちまんぐう》

渋谷区代々木 地図 P109C

鎌倉時代のこと。源頼家《みなもとのよりいえ》公亡きあと、遺臣の宗祐《そうゆう》という人の夢枕に八幡大神が立ち、宝珠の鏡を感得しました。そこで宗祐は代々木野の地を切り開き、鶴岡八幡《つるがおかはちまん》の神を勧請《かんじょう》したというのがこの神社の由来です。この地には縄文時代から人が住んでおり、境内には当時の竪穴住居が復元されています。

御祭神 応神天皇・天照大神・白山媛神
御利益 厄除け・仕事運・安産・縁結び

渋谷区代々木5-1-1　03-3466-2012
小田急線代々木八幡駅から徒歩5分
御朱印300円／9時～17時／社務所で授与

流麗かつ迫力ある御朱印

● 右の字…奉拝 ● 中央の字…代々木八幡宮 ● 右の印…武蔵國代々木野 ● 中央の印…代々木八幡宮 ● 左下の印…八幡宮

北澤八幡神社《きたざわはちまんじんじゃ》

世田谷区代沢 地図 P109C

室町時代、世田谷城の鬼門を守る神社として吉良《きら》家によって創建されました。「世田谷七沢八八幡」といわれるように、かつてこのあたりには沢が多く、そこに8社の八幡宮がありました。その中でこの北澤八幡が唯一の正八幡宮だったそうです。晴れた日には、高台にある境内から富士山が見えます。

御祭神 応神天皇・比売神・神功皇后
御利益 厄除け・健康・縁結び・安産

世田谷区代沢3-25-3　03-3422-1370
京王井の頭線池ノ上駅から徒歩8分
御朱印500円／9時～17時／社務所で授与

八幡宮らしく「八」の字が印象的

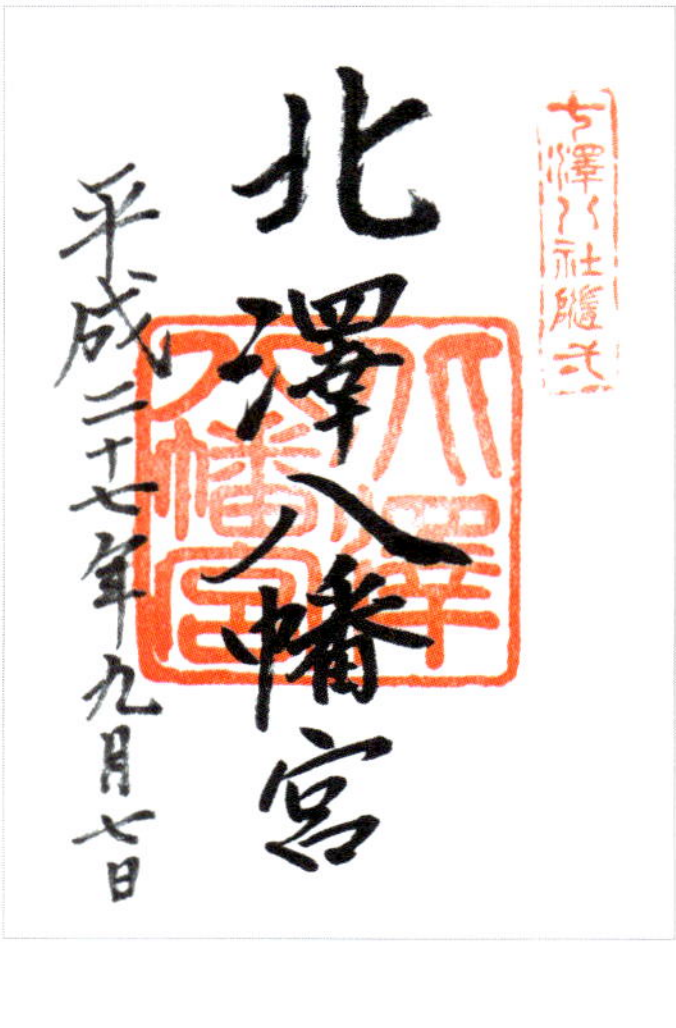

● 中央の字…北澤八幡宮 ● 右の印…七澤八社髄弌 ● 中央の印…北澤八幡宮

郵便はがき

お手数でも
郵便切手
をお貼り
ください

1530044

東京都目黒区大橋1－5－1
クロスエアタワー8階

実業之日本社
「愛読者係」行

ご住所　〒	
お名前	
メールアドレス	

ご記入いただきました個人情報は、所定の目的以外に使用することはありません。
実業之日本社のプライバシー・ポリシー（個人情報の取扱い）は、
以下のサイトをご覧ください。http://www.j-n.co.jp/

お手数ですが、ご意見をお聞かせください。

この本のタイトル		
お住まいの都道府県	お求めの書店	男・女 歳
ご職業　会社員　会社役員　自家営業　公務員　農林漁業 医師　教員　マスコミ　主婦　自由業（　　　　） アルバイト　学生　その他（　　　　）		
本書の出版をどこでお知りになりましたか? ①新聞広告（新聞名　　　　）②書店で　③書評で　④人にすすめられて　⑤小社の出版物　⑥小社ホームページ　⑦小社以外のホームページ		
読みたい筆者名やテーマ、最近読んでおもしろかった本をお教えください。		
本書についてのご感想、ご意見（内容・装丁などどんなことでも結構です）をお書きください。 どうもありがとうございました		

このはがきにご記入いただいた内容を、当社の宣伝物等で使用させていただく場合がございます。何卒ご了承ください。なお、その際に個人情報は公表いたしません。

田無神社《たなしじんじゃ》

西東京市田無町 地図 P108B

田無神社のルーツは、13世紀に田無北部の宮山に鎮座した尉殿大権現《じょうどのだいごんげん》と伝えられています。祭神は龍神様。境内には五龍神が鎮座し、金龍神として本殿に祀られている尉殿大権現は命の源である水と、豊穣と除災の守護神です。銀杏が色づく秋の境内は風情があります。

▲かわいい五龍神の置物

⛩御祭神　大国主命・須佐之男命・猿田彦命
⛩御利益　厄除け・縁結び・病気平癒

西東京市田無町3-7-4　042-461-4442
西武新宿線田無駅から徒歩6分
＊御朱印300円／9時～16時／授与所（社務所）で授与

神職の袴をデザインしたユニークな社印

●右上の字…奉拝 ●右下の字…五龍神方位除 ●中央の字…田無神社
●中央の印…社印（田無神社・袴）

子安神社《こやすじんじゃ》

八王子市明神町 地図 P108A

1200年の歴史を誇る神社です。時の皇后の安産祈願のため木花《このはな》開耶姫命《さくやひめのみこと》を祭神として草創されたと伝え、以来、安産の神としてあつく信仰されています。別名「水の社」ともいわれ、周辺は古くから清らかな湧水の地でした。御朱印にはこの社を詠んだ山口誓子《せいし》の俳句が書かれています。

⛩御祭神　木花開耶姫命・天照大御神・素戔嗚尊
⛩御利益　安産・子授け・厄除け

八王子市明神町4-10-3　042-642-2551
京王線京王八王子駅から徒歩3分、またはJR中央線八王子駅から徒歩5分
＊御朱印300円／9時～17時／社務所で授与

達筆で書かれた俳句に注目

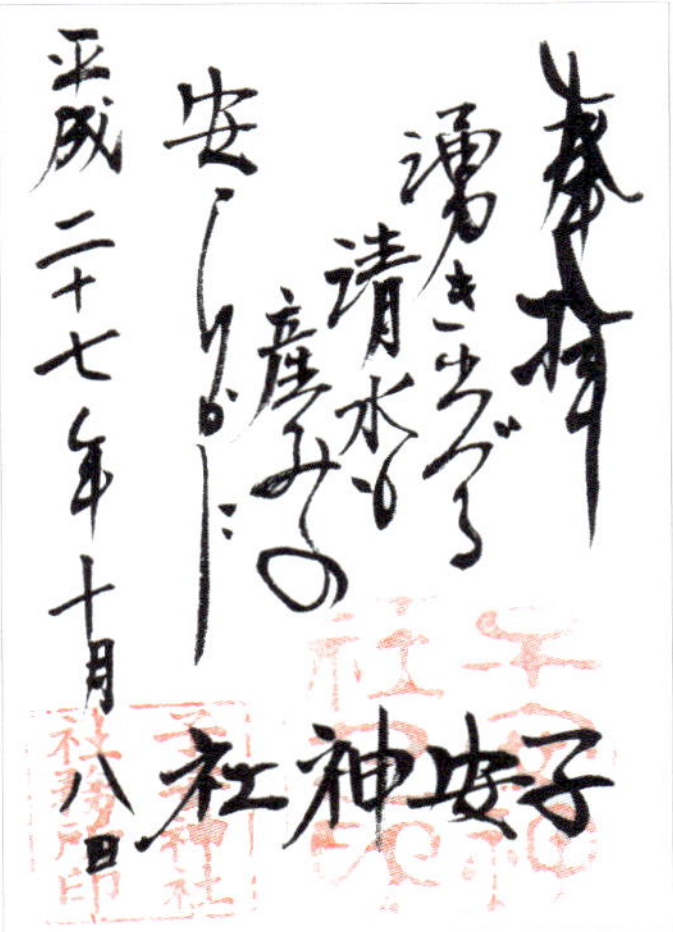

●右の字…奉拝 ●中央の字…湧き出づる清水も産みの安らかに ●下の字…子安神社 ●右下の印…子安神社之印 ●左下の印…子安神社社務所印

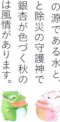

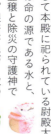

のびやかな筆遣いに
心も開放される

- 右の字…奉拝
- 中央の字…東日本最古之天満宮・谷保天満宮
- 中央の印…谷保天満宮印
- 左下の印…天満宮社務所

谷保天満宮《やぼてんまんぐう》

国立市谷保　地図P108A

広大な敷地の緑が美しい神社です。東日本最古の天満宮で、湯島天満宮（P64）、亀戸天神社（P72）と並ぶ関東三天神のひとつでもあります。御祭神は菅原道真《すがわらのみちざね》公と、その三男道武《みちたけ》公。道真公の大宰府《だざいふ》左遷にともない当地に配流されていた道武公が、道真公の死後、その尊像を祀ったのが起こりです。

明治41年（1908）日本初の自動車遠乗会（ドライブツアー）の目的地となったことから、交通安全祈願発祥の地としても知られています。

▲御朱印帳にはスタンプも押してもらえる

御祭神　菅原道真公・菅原道武公
御利益　学業守護・交通安全・厄除け

国立市谷保5209　042-576-5123
JR南武線谷保駅から徒歩3分
御朱印300円／9時～16時30分／社務所で授与

バッグに入れて持ち歩きたい！

美しい御朱印帳

神社オリジナルの御朱印帳を集めました。由来や特色にちなんだ柄はどれも個性的。美しい織り地や刺繍も目を引きます。

今戸神社《いまどじんじゃ》

▶御朱印は P19

拝殿に鎮座するペアの招き猫はとってもユーモラスで、いまや今戸神社の「顔」です。右の白猫が雌、左のぶち猫が雄。裏表紙は浅草名所七福神の福禄寿です。色は水色・紺・ピンクの３色があります。初穂料 1500 円

表

裏

子安神社《こやすじんじゃ》

▶御朱印は P43

安産・子授けの神として女性の参拝客が多い子安神社の御朱印帳は、表紙に十二単《じゅうにひとえ》の女性、裏表紙に牛車と扇をあしらい、まるで平安絵巻のように優美です。光沢のある布張りで高級感もあります。初穂料 1200 円

表

裏

※初穂料…御朱印帳の価格

表

裏

羽田神社《はねだじんじゃ》

▶御朱印は P27

羽田空港に近く、航空安全の神として信仰されている神社ならではの御朱印帳です。左右交互に 90 度に倒しながら進む独特なかつぎ方で知られる、夏季大祭「羽田まつり」の神輿の上に飛行機が飛ぶ、ほかにはないデザインです。裏表紙には飛行機の絵馬も。初穂料 1000 円

居木神社《いるぎじんじゃ》

▶御朱印は P18

桜の季節の社殿をモチーフにした、優雅さにあふれた御朱印帳です。裏表紙は御神木のイチョウの葉と御神紋を散らしています。写真は黒地に桜の色が鮮やかな夜桜バージョン。明るい色調の昼桜バージョンもあります。初穂料 1000 円

裏

表

表

裏

穴守稲荷神社《あなもりいなりじんじゃ》

▶御朱印は P40

稲荷神社らしい朱色の生地に小さな狐たちが、ふろしき包みを担いだり、樽や重箱を運んだりと、せっせと働く姿が金糸で織り込まれています。かわいらしいデザインながら、おさえた色調が派手すぎず、女性に人気があります。初穂料 1000 円

表

裏

愛宕神社《あたごじんじゃ》

御朱印は P31

愛宕神社といえば「出世の石段」。曲垣平九郎《まがきへいくろう》が馬で必死に駆け上がったという 86 段の階段と、銅製の狛犬が美しく刺繍されています。この階段を登って運気が上がったという人は数えきれないとか。裏表紙には愛宕山の紅葉が舞っています。
初穂料 1300 円

烏森神社《からすもりじんじゃ》

御朱印は P12

創建の由来でもある烏《からす》は神様のお使い。神話にもよく登場する賢い鳥です。カラフルな御朱印とは対照的に、御朱印帳は吸い込まれそうな深い黒地。烏たちが仲良く並んでいます。裏表紙は社紋です。しおり付き。
初穂料 1000 円

裏

表

表

裏

住吉神社《すみよしじんじゃ》

御朱印は P22

江戸情緒を残す佃島《つくだじま》にある住吉神社の御朱印帳。江戸小紋の三角の鱗文様に、張り子の犬やだるま、でんでんだいこなど縁起物や子どものおもちゃをちりばめた、下町らしい親しみやすいデザインです。初穂料 1000 円

小網神社《こあみじんじゃ》

▶御朱印は P23

表

裏

　描かれた２対の龍は、社殿に彫刻されている昇り龍と降り龍で「強運厄除けの龍」としてあがめられています。総刺繍仕上げで地色は赤・黒・青・黄色の４種類があり、財運向上の弁財天をお祀りするからか、特に黄金色に近い黄色が人気だそうです。

初穂料 2000 円

谷保天満宮《やぼてんまんぐう》

▶御朱印は P44

　青空をイメージしたブルーと、ピンクのパステルカラーの２色の布地に、菅原道真公の花である梅の文様を刺繍した、カラフルでさわやかなデザイン。生地にも梅の文様にも上品な光沢があります。しおり付き。

初穂料 1300 円

表

裏

田無神社《たなしじんじゃ》

▶御朱印は P43

　神主さんの袴姿をイメージしたユニークなデザイン。表紙は正面の姿、裏表紙は後ろ姿に社紋の三《み》つ巴《どもえ》と神社名が金糸で縫い取られています。全面織り仕様で、襟元には光沢ある糸が使われています。袴の色はほかに浅葱《あさぎ》、巫女さん仕様の緋袴《ひばかま》があります。

初穂料 1600 円

表

裏

表

裏

東京大神宮《とうきょうだいじんぐう》

▶御朱印は P33

白地に可憐な蝶が舞う御朱印帳「ちょう」。女性なら誰もが欲しくなるにちがいない一冊です。ほかに「うぐいす」(うぐいす色)と「さくら」(薄ピンク)の絵柄があり、いずれも淡い色調で上品にまとめられています。

初穂料 800 円

北澤八幡神社《きたざわはちまんじんじゃ》

▶御朱印は P42

表紙には木々に囲まれた社殿と境内が、裏表紙には「胡《こ》蝶《ちょう》」という優雅な舞を舞う巫女たちが刺繍されています。淡水色の御朱印帳は美しく、女性に人気が高いというのもうなずけます。

初穂料 1000 円

裏

表

表

裏

鷲神社《おおとりじんじゃ》

▶御朱印は P37

まっすぐに前を見つめる鷲の瞳が凛々しい、美しい日本画のような御朱印帳です。裏表紙と合わせて一枚の絵としても見てみたいもの。ビニールカバー付き。

初穂料 1200 円

御朱印が結ぶ、旅での縁と人との縁

相川七瀬

いただいた御朱印が その土地の記憶になる

私が神社に参拝をし始めたのは20代の頃からで、当時も御朱印をいただいていました。行く先々でもらっているとかなりの数になるので、しばらく控えていましたが、最近は仕事で神社を訪れることが多く、また御朱印熱が再燃しました。

持っている御朱印帳は神仏霊場会の、かなり分厚いもの。お寺に行くことも多いので、どちらの御朱印もいただけるのがいいと思って、和歌山県かつらぎ町の丹生都《にうつ》比売《ひめ》神社で買いました。

御朱印をいただいたときに感じるのは、文字にその神社のカラーが出ることです。宮司さんによるものだと特にそうで、神様のキャラクターが表れているかのように感じられます。そして御朱印をいただくことは、その土地での出会いにもつながります。小さな神社では御朱印を扱っていないところもあるのですが、お願いしてみたら「せっかくですから書きましょう」となることが、たまにあるのです。

宮崎県高千穂《たかちほ》の荒立《あらたて》神社は宮司さん一人しかおられず、御朱印は扱ってらっしゃらないのですが、どうしても欲しくてお願いして書

相川七瀬 Aikawa Nanase

1995年「夢見る少女じゃいられない」でデビューして以来、現在までのCDトータルセールスは1200万枚を超えている。音楽活動以外にも、処女小説『ダリア』をはじめ、『セドナ 天使の町』『神結び 日本の聖地をめぐる旅』『縁結び 神様が結ぶ赤い糸』『太陽と月の結び』など10冊以上を上梓している。2015年11月8日でデビュー20周年を迎えた。8月には、織田哲郎と20周年アニバーサリーシングル「満月にSHOUT！」をリリース。10月には織田哲郎が他のアーティストに楽曲提供した名曲をカバーする、初のカバーアルバム「Treasure Box」をリリースした。

http://www.nanase.jp/

いていただきました。そんなやりとりをした神社は、印象に残っているもの。御朱印を後で見返すと、書いてくれた方の顔が浮かび、会話が思い出されます。旅先ならではのコミュニケーションで御朱印を拝受することが、私の「萌えポイント」だったりします。(笑)

気になる御朱印、縁のある神社

全国の様々な神社を訪れていると、絵柄がおもしろい御朱印がいくつかあります。『神結び』(実業之日本社刊)の取材で訪れた、奈良県桜井市の談山《たんざん》神社の御朱印は、とてもパンチがある絵柄でした。押された判には談山神社の文字、そして祭神である藤原鎌足《ふじわらのかまたり》公の顔が描かれているのですが、これがちょっとリアルでなかなかのインパクトがありました。(笑)

茨城県水戸市の常磐《ときわ》神社は水戸黄門様が祀られていて、御朱印が葵の紋です。水戸黄門様のファンに人気だそうで、私も絶対行ってみたい神社の一つです。

私は鹿島神宮が大好きで、今では鹿嶋市の大使もやらせていただいています。最近は仕事でも月に一度は訪れているので、私の影響で子供たちやスタッフまでみんなが御朱印帳デビューをしました。(笑)今では神社に参拝することをみんなで楽しみにしています。御朱印ブームが神社やお寺に参拝するきっかけになり、日本の歴史ある神道をみんながもっと身近に感じられたらいいなと思います。

お参りに行くたびに、いつも優しく声をかけてくださる鹿島宮司さんと

朝一番の鹿島神宮の楼門。清らかな光に包まれている

旅と出会いの思い出が御朱印に刻まれる

御朱印は参拝した記念になり、日付が記されるので記録にもなります。何年かしてから古い御朱印帳を眺めていたら、何年に、ここに行っていたんだな、あれからこんなに経ったんだ、などと思い入ったり。例えばカップルで訪れた神社で御

朱印をいただき、その後に結婚したら、この神社が縁を結んでくれたのではないかと、思い出の神社に刻まれるのではないでしょうか。

当時の旅を振り返るデータ、バロメーターとして、御朱印帳には写真とはまた違う思い出が刻まれています。後から眺めたら、いただいた際のやりとりや、その人のことを思い出す。一生の思い出として残っていくのが、御朱印の良さだなと思います。

御朱印を入り口に、神様にふれてほしい

現在、御朱印を集めることがブームになっていますが、そこから神社の清々しい気に触れ自然を神として祀る日本人の精神にふれるきっかけになることを祈っています。

さらには近くの神社だけではなく、遠くまで旅していってみたいと思う神社が増えるかもしれません。御朱印がもっと人気となり、それが神社を支えていく力となるのが、日本の伝統を守っていく大事なことだと思っています。

構成／ブルーガイド編集部

神様との出会いを綴る、日本の聖地を巡る旅３冊

心に残る神社や人とのかかわりを記した『神結び』。運命の赤い糸を探す『縁結び』。自然とともに神様を感じる『太陽と月の結び』。日本の聖地を旅して相川七瀬さんが見つけた、出会いとご縁のエピソードが綴られています。東京から飛び出して、素敵な神社の旅に出かけませんか？

いずれも本体 1500 円
＋税・実業之日本社刊

鹿島神宮の御朱印帳に相川七瀬さんとのコラボバージョンが登場！

鹿嶋市のPRを担う「かしま大使」を務めるなど、この地との縁の深い相川さんと鹿島神宮のコラボレーションによる御朱印帳がリリース。愛らしい鹿の柄の中央には、鹿島の鹿と楼門にある稲妻をモチーフに、「7」の文字をあしらったシンボルが目をひきます。ピンク地と白地の2種類。1700円。2016年1月1日発売予定。鹿島神宮社務所ほか、相川七瀬さんのHPにて販売。

第3章

地図で歩く

御朱印名数めぐり

縁起のいい数字に
導かれて、
都心と下町を一日散歩

江戸の風情が息づく下町に福の神を訪ねる

日本橋七福神めぐり

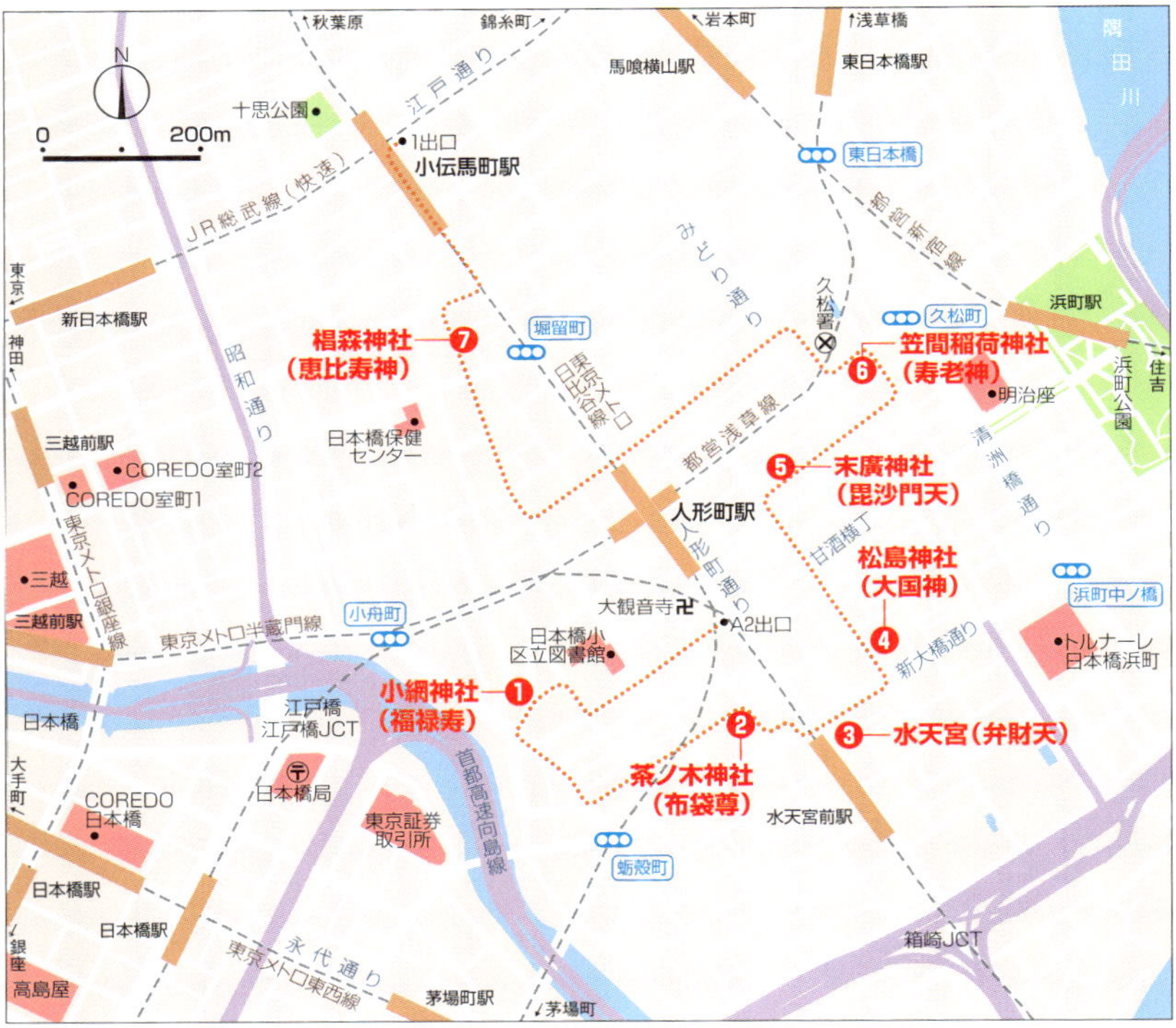

地下鉄人形町駅を中心とした1km四方のエリアに、七つの神社が点在。一説には「日本一短い七福神めぐり」ともいわれ、ゆっくり歩いても小一時間程度。起伏もありませんので、気軽にまわってみることができます。

江戸時代から商業の中心地として発展してきた日本橋らしく、7社のうち6社が商売繁盛に御利益がある稲荷神を祀っているのも特徴です。

甘酒横丁をはじめ、界隈には江戸時代より続く老舗が点在していますので、休憩がてら訪れてみるのもおすすめ。おみやげはやっぱり人形焼きでしょうか。

元日～1月7日には、期間限定の巡拝用の色紙（2000円）が授与されます。元日の午前零時～午前2時も参拝でき、御朱印もいただけます（授与品の頒布は午前1時まで）。

＊問い合わせ　日本橋七福会（小網神社）♪03-3668-1080

START 人形町駅

5分

1 小網神社《こあみじんじゃ》 ▶P23

福禄寿

お正月の七福神めぐり期間は、普段は本殿に祀られている福禄寿と弁財天が特別公開されます。

中央区日本橋小網町16-23

6分

2 茶ノ木神社《ちゃのきじんじゃ》

布袋尊

火伏《ひぶ》せの神様として信仰され、地元では「お茶ノ木様」と親しまれています。昭和60年（1985）に布袋尊を合祀《ごうし》しました。

中央区日本橋人形町1-12／普段は無人

5分

3 水天宮《すいてんぐう》 ▶P17

宝生弁財天

水天宮ゆかりの久留米藩藩主・有馬頼徳公《ありまよりのりこう》が加賀藩主と宝生《ほうしょう》流能楽の技を競った折、弁財天に願をかけて勝利しました。

中央区日本橋蛎殻町2-4-1

3分

4 松島神社《まつしまじんじゃ》

大国神

大国主神《おおくにぬしのかみ》をはじめ14柱もの神様をお祀りしています。枕の下に入れると良い夢を見るという「良夢」のお札が人気。

中央区日本橋人形町2-15-2

6分

5 末廣神社《すえひろじんじゃ》

毘沙門天

明暦の大火まで人形町にあった葭《よし》原《わら》の総鎮守として、400年の歴史があります。毘沙門天は勝運や財運向上の神様です。

中央区日本橋人形町2-25-20

3分

6 笠間稲荷神社《かさまいなりじんじゃ》

寿老神

赤い社殿が目を引きます。安政6年（1859）に笠間稲荷を勧請し、日本橋魚河岸《うおがし》の守り神として信仰されてきました。

中央区日本橋浜町2-11-6

▶お正月だけ授与される巡礼用の色紙

12分

7 椙森神社《すぎのもりじんじゃ》

恵比寿神

寛文年間（1661～1673）に御祭神である大己貴大神《おおなむちのおおかみ》の神託により、恵比寿大神を祀ったと伝わります。

中央区日本橋堀留町1-10-2

5分

GOAL 小伝馬町駅

江戸で生まれた 七福神めぐり

室町時代に民間信仰として誕生した七福神。これらを順に参拝する「七福神めぐり」の風習が広まったのは江戸からです。徳川家康は江戸庶民の心をつかむため、ブレーンだった天海僧正《てんかいそうじょう》の進言によって江戸に七福神を祀る寺社を建立しました。お正月にそれらをめぐると、「七難即滅、七福即生」（七つの災いが消え、七つの福が来る）の御利益があると人気を集めるようになりました。

「千の寿」を招こう！ 商店街での食べ歩きも楽しみ

千住宿 千寿七福神めぐり

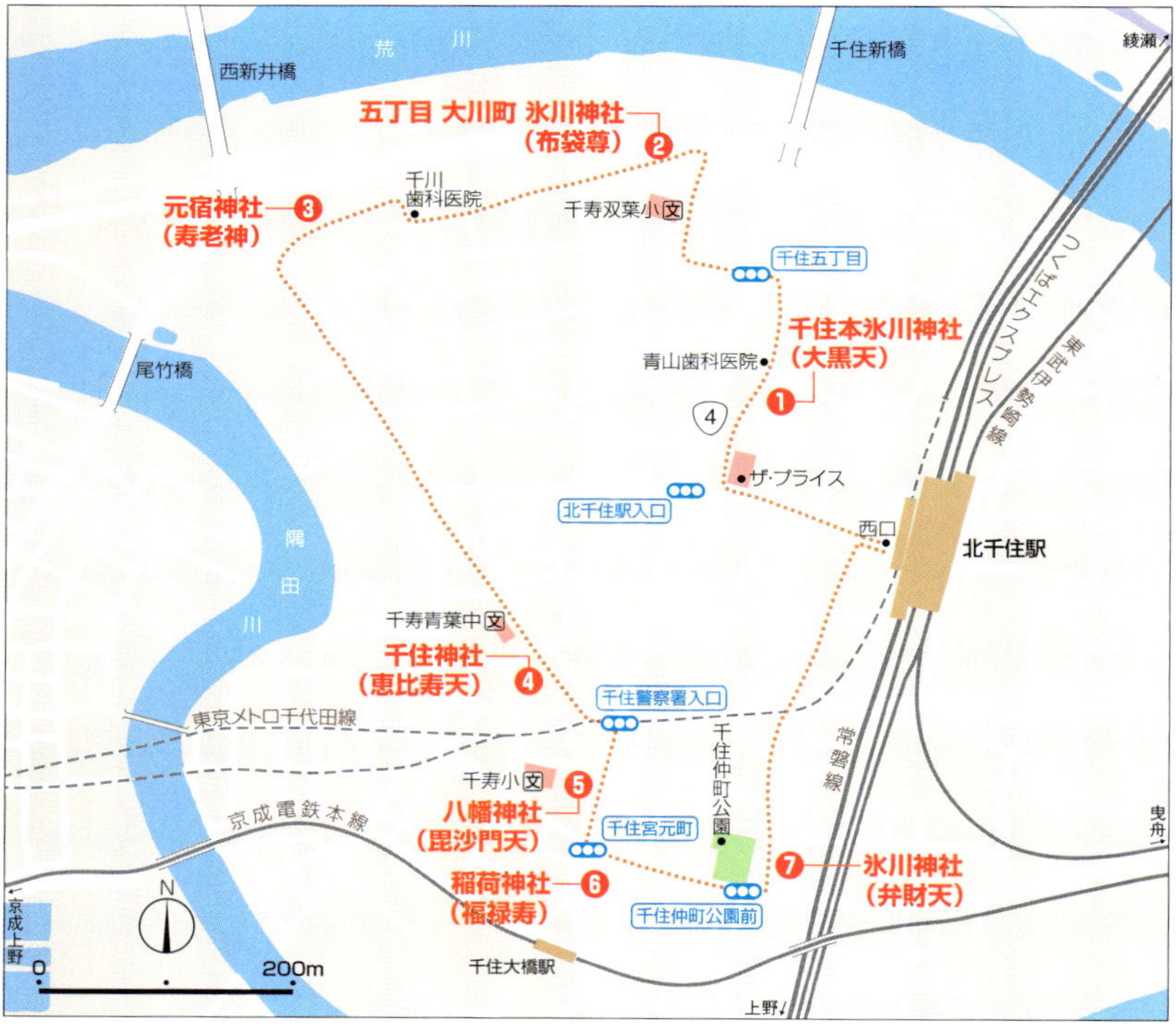

日光道中の宿場町として、また「やっちゃば」（千住青果市場）の町として栄えてきた、千住の七社をめぐります。千住の町おこしを願い、七福神の石像を安置したのがはじまりといいます。ここの七福神めぐりでは「千住」ではなく、縁起を担いで「千寿」の文字が使われているのも特徴です。

北千住駅を起点に、反時計回りに7社をめぐる、およそ2時間のコースです。途中、江戸四宿のひとつ・千住宿のたたずまいや、下町らしい庶民的な商店街を歩くのも楽しみです。

年間通してにぎわいますが、特に元日〜1月7日は特別開帳される神様もあり、おすすめです。期間中、「宝船千寿七福神色紙」（1500円）や、その年の干支を加えた「限定千寿七福神色紙」（2000円）への御朱印も用意されます。

＊問い合わせ　千寿七福神の会事務局（板橋様方）♪03-3881-0320

START
北千住駅西口

8分

1 千住本氷川神社《せんじゅもとひかわじんじゃ》

ほがらかなお顔の大黒天は境内の旧社殿に安置されていて、お正月の七福神めぐりの期間中に特別公開されます。

足立区千住3-22

10分

2 五丁目《ごちょうめ》 大川町《おおかわちょう》 氷川神社《ひかわじんじゃ》

ふくよかな布袋様が迎えてくれます。境内には富士山の溶岩を積み上げた富士塚があります。

足立区千住大川町12-3
／普段は無人

12分

3 元宿神社《もとじゅくじんじゃ》

八幡神と稲荷神を祀り、境内には大師堂や足立区有形文化財の庚申塔なども。寿老神は社務所の前に立っています。

足立区千住元町33-4
／普段は無人

20分

4 千住神社《せんじゅじんじゃ》

▼恋みくじも人気

縁結びは白いハンカチで恵比寿天の胸をなでるなど、願かけの方法が境内に表示されています。

足立区千住宮元町24-1

5分

5 八幡神社《はちまんじんじゃ》

国道4号線沿いにあるこぢんまりした神社です。威厳のあるお顔立ちの毘沙門天像が安置されています。

足立区千住宮元町3-8
／普段は無人

4分

6 稲荷神社《いなりじんじゃ》

かつてにぎわった「やっちゃば」の近くにあり、食物、商売繁盛、出世の神社として信仰を集めています。

足立区千住河原町10-13

8分

7 氷川神社《ひかわじんじゃ》

左の写真は元禄2年（1689）の石造の庚申塔です。弁財天の庚申塔は珍しく、都内ではここだけともいわれています。

足立区千住仲町48-2

10分

GOAL
北千住駅西口

▲元日～1月7日限定の色紙の絵は、地元の扇絵師・板橋明雪さんが描いています。右は通常、左は干支入り（平成27年版）

おしゃれな街・銀座に、かわいい社が点在

銀座八丁神社めぐり

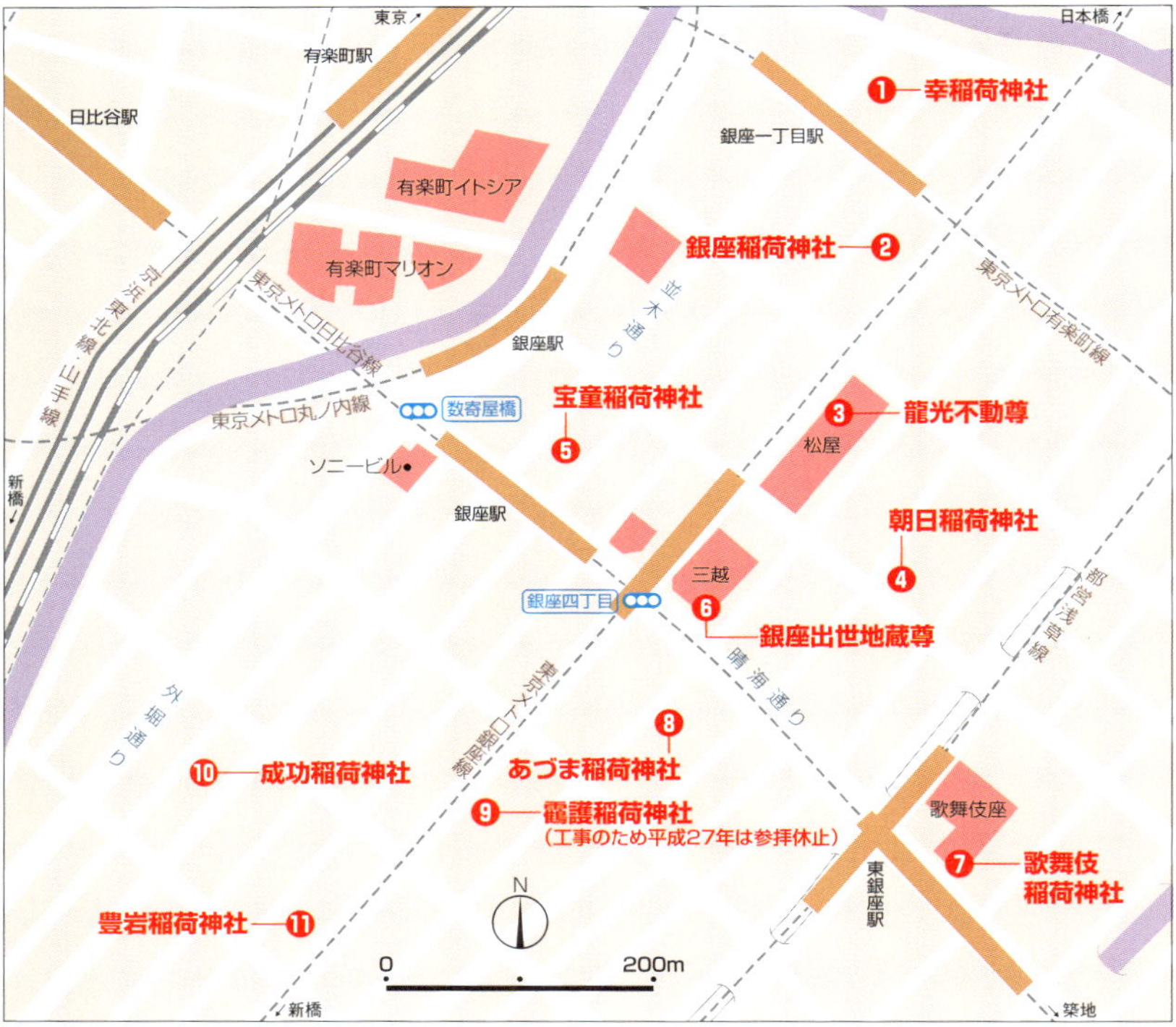

「銀座八丁神社めぐり」とは、秋の銀座の恒例イベント「オータムギンザ」の一環として実施される、開運スタンプラリーのことです。

例年、11月1日から3日にかけて、銀座に点在する神社（うち2か所は仏様を参拝）を回ってスタンプ（御朱印）を集めます。対象となる神社および、ソニービルで無料配布される「集印帳」を手に、お参りしていきます。

普段は立ち入れない銀座トレシャス内の銀座稲荷神社や、資生堂銀座ビルの成功稲荷神社も、期間中は特別に参拝できます。めぐる順番も、道筋も自由。どこからはじめてもかまいません。所要時間は1時間程度、参拝できる時間は12時〜16時です。

全社のスタンプを集めると、翌年の干支をかたどった土鈴が記念品として進呈されます（ソニービル1階で先着2000人まで）。

＊問い合わせ　全銀座会　♪03-3561-0919

1 幸《さいわい》稲荷《いなり》神社《じんじゃ》
中央区銀座1-5

2 銀座《ぎんざ》稲荷《いなり》神社《じんじゃ》
中央区銀座2-6

3 龍光《りゅうこう》不動尊《ふどうそん》
中央区銀座3-6 松屋銀座屋上

4 朝日《あさひ》稲荷《いなり》神社《じんじゃ》
中央区銀座3-8

5 宝童《ほうどう》稲荷《いなり》神社《じんじゃ》
中央区銀座4-3

6 銀座《ぎんざ》出世《しゅっせ》地蔵尊《じぞうそん》
中央区銀座4-6 銀座三越9階

7 歌舞伎《かぶき》稲荷《いなり》神社《じんじゃ》
中央区銀座4-12-15

8 あづま稲荷《いなり》神社《じんじゃ》
中央区銀座5-9

9 靍護《かくご》稲荷《いなり》神社《じんじゃ》
中央区銀座6-10
※平成27年は工事のため参拝休止

10 成功《せいこう》稲荷《いなり》神社《じんじゃ》
中央区銀座7-5-5 資生堂銀座ビル

11 豊岩《とよいわ》稲荷《いなり》神社《じんじゃ》
中央区銀座7-8

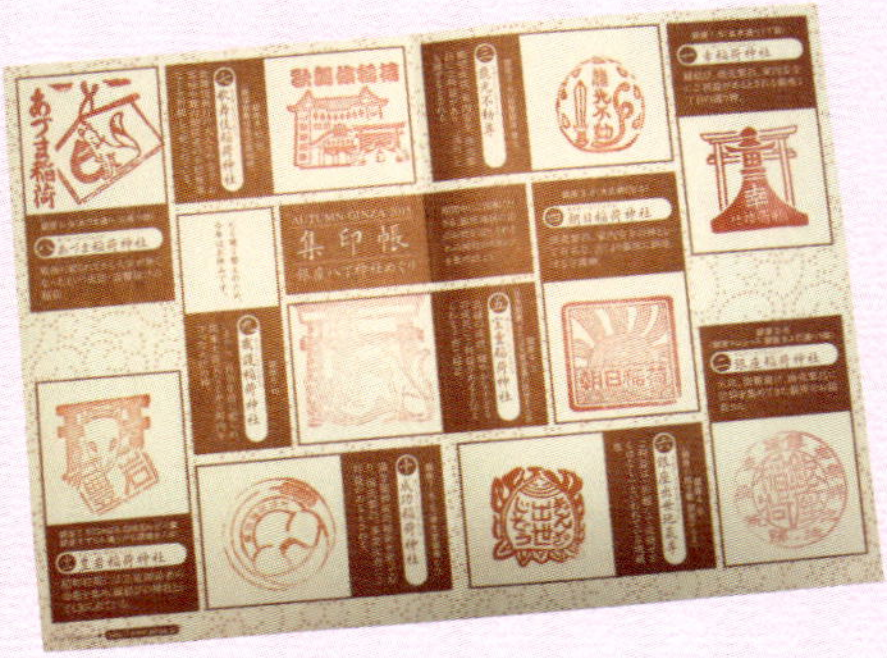

※最寄り駅は、銀座駅、東銀座駅、銀座一丁目駅、有楽町駅、新橋駅などが便利です。
※龍光不動尊のある松屋銀座と、銀座出世地蔵尊のある銀座三越は銀座駅と、歌舞伎稲荷神社のある歌舞伎座は東銀座駅と直結しています。

◀全社のスタンプを集めて記念品をもらおう！

末広がりの「八」にちなんだ東京下町八福神参り

元日から1月10日まで、台東区と中央区の神社をめぐる「東京下町八福神参り」が人気です。

その８社は、家内安全の**下谷《したや》神社**（P18）、学問芸能の**小《お》野照崎《のてるさき》神社**（P88）、商売繁盛の**鷲《おおとり》神社**（P37）、縁結びの**今《いま》戸《ど》神社**（P19）、健康長寿の**第六天榊《だいろくてんさかき》神社**（P21）、安産子授けの**水天宮《すいてんぐう》**（P17）、強運厄除けの**小網《こあみ》神社**（P23）、海上安全の**住吉《すみよし》神社**（P22）です。巡礼用の色紙は400円、御朱印（色紙用）は各社200円です。

問い合わせ　下谷神社　03-3831-1488

▲八福神参り専用の色紙

明治天皇ゆかりの10社と、菅原道真公ゆかりの7社

東京十社《じっしゃ》と東都《とうと》七天神

昭和にはじまった「東京十社めぐり」

明治元年（1868）に明治天皇が京から東京へ遷《うつ》った際、皇居のある東京を守護し万民の平安を祈るため、東京近郊の12社を「准《じゅん》勅祭神社《ちょくさいじんじゃ》」と定めました。このうち都区内の10社をめぐるのが「東京十社めぐり」です。きっかけは昭和50年（1975）の昭和天皇ご即位50年の祝賀でした。ちなみにほかの2社は府中市の六所宮《ろくしょぐう》（大國魂神社《おおくにたまじんじゃ》→P33）と埼玉県久喜市の鷲宮《わしのみや》神社です。

東京十社めぐり専用の御朱印帳も用意されていて（初穂料1500円）、10社どこでも入手できます。神社ごとに絵柄が異なる小型の絵馬（300円）もあります。

江戸以来の歴史がある「東都七天神」

東都七天神は江戸後期の文政6年（1823）、十返舎一九《じっぺんしゃいっく》の『菅神《かんじん》御一代文章《ごいちだいぶんしょう》』の中に著された江戸の天神社・天満宮7社のことです。菅《すが》原道真《わらのみちざね》公を祀るこれらの神社は、当時からあつく信仰されていたようです。今も受験シーズンには、大勢の参拝者が合格祈願に訪れています。

天神社・天満宮の境内には必ず梅の木が植えられています。これは道真公と梅が、たいへん深い関係にあるからです。梅を愛した道真公は「東風《こち》吹かば匂ひおこせよ梅の花あるじなしとて春な忘れそ」という歌を詠み、また、左遷された道真公を慕って京から大宰《だざい》府《ふ》まで梅の木が飛んでいったという「飛梅《とびうめ》」伝説も有名です。

東都七天神をめぐるルートは、特に設定されていません。梅の咲く早春、気ままに近くの神社を訪れてみてはいかがでしょう。

かわいいお守り

小さなお守りにささやかな願いをこめるのも、乙女心ゆえ。これも神様とのご縁の結び方のひとつです。

今戸神社《いまどじんじゃ》

▶ 御朱印は P19

縁結御守

招き猫夫婦が素敵なご縁を招いてくれる、巾着型の御守。この色は期間限定で、ほかに6色。

初穂料 800 円

神田神社《かんだじんじゃ》

▶ 御朱印は P76

開運おねがい兎の御守

白兎に戻りたいという兎の願いを、大国《だいこく》様が叶えてくれた神話にちなみます。短冊に願い事を書いて。

初穂料 800 円

スマホおおはらえ

人型の白紙を用いて日々の穢れを祓い清める「大祓」を、スマホからできる無料のウェブサービス。画面の人型で体を撫でて送信すれば、神職が大祓詞を奏上して焚き上げて清めてもらえる。

ナショナルデパートメント

http://oharae.jp/

代々木八幡宮《よよぎはちまんぐう》

▶ 御朱印は P42

縁結び守

縁結びの御祈願済みの、紅水晶の勾玉。水晶は持つ人の心を清らかにし、潜在能力を高めてくれます。

初穂料 1000 円

多摩川浅間神社《たまがわせんげんじんじゃ》

▶ 御朱印は P32

身まもり笛

ピーッという涼やかな音で女性の身を守ってくれます。非常持出用リュックに忍ばせておいても。

初穂料 600 円

赤坂氷川神社《あかさかひかわじんじゃ》

▶ 御朱印は P31

縁結御守

御祭神の三柱の神は、強力な縁結びの神様です。結び型のお守りできっといいご縁が結べるはず。

初穂料 500 円

愛宕神社《あたごじんじゃ》

▶ 御朱印は P31

ちりめんペットの御守

珍しいペット用の鈴付きお守り。愛宕神社の授与所には、これを首輪に付けた猫ちゃんがいるとか。

初穂料 500 円

第4章

訪ねたい神社

見どころも縁起も多彩。
これぞ東京の
16の神社

右／梅園　見ごろは2月上旬～3月上旬。写真は女坂　**左上／社殿**　平成7年（1995）造営とまだ新しい　**左下／撫で牛**　天神様のシンボル

学問の神様ナンバーワン 鈴なりの絵馬が御利益の証し

湯島天満宮《ゆしまてんまんぐう》

文京区湯島

今から1500年ほど前の雄略《ゆうりゃく》天皇2年（458）、天孫降臨《てんそんこうりん》神話に登場するアメノタヂカラヲノミコトを祀ったのがはじまりといい、由緒ある神社です。正平10年（1355）には菅原道真《すがわらのみちざね》公の徳をしのんで、天神様として合祀しました。江戸時代には徳川家の崇敬を受け、広大な朱印地の寄進を受けたそうです。

江戸時代、昌平坂《しょうへいざか》学問所や湯島聖堂にも近いこの付近には文人が多く住み着き、やがて文教の地として知られるようになると、湯島天神は江戸一番の学問の神様となりました。受験シーズンに合格祈願や「お礼参り」に訪れるたくさんの受験生を見ていると、今も少しも変わらないと感じます。

御茶ノ水方面から歩き、なだらかな坂の突き当たりに見える表鳥居は、江戸時代に奉納された銅製で、東京都の指定文化財です。足元にはかわいい子獅子の姿も。境内へはほかに、少し急な階段の男坂、ゆるやかな女坂、裏手にある夫婦坂と呼ばれる坂から入れます。

天神様といえば、思い浮かぶのは梅。湯島天満宮にも約300本の梅の木があります。白梅が中心で、これらが満開になる季節には「梅まつり」でにぎわいます。ほかにも天神様に付きものの「撫《な》で牛」、神域を囲む透塀《すかしべい》、その前に鎮座する狛犬の台座にも梅の彫刻があり、心なごむ神社です。

⛩御祭神
天之手力雄命
菅原道真公
⛩御利益
学業成就
厄除け・健康

文字も押し印も
とにかく流麗！

● 右の字…奉拝
● 中央の字…湯島天満宮
● 中央の印…湯島天満宮印

絵馬　絵馬のほとんどに「合格祈願！」の文字。その数に圧倒される

学業成就鉛筆　学業に関する授与品もいろいろ。「学業成就鉛筆」は、デザインはシンプルだが効き目がありそう。1ダース中6本は格言入り。初穂料600円

御朱印帳　落ち着いた紺地に紅白の梅が映える気品のある一冊。初穂料1200円

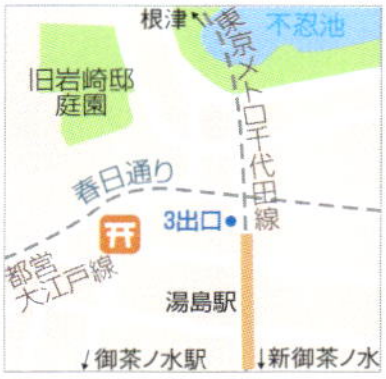

文京区湯島3-30-1　03-3836-0753
東京メトロ千代田線湯島駅から徒歩2分
御朱印300円／9時～19時30分／社務所で授与

「奇縁氷人石《きえんひょうじんせき》」は右側に「たつぬるかた」、左側に「をしふるかた」と記されています。情報を求める人は右側に、情報を持っている人は左側に紙を貼って、伝言板のように使われていました。それほどいつも人出が多く、境内がにぎわっていたのでしょう。

▲梅園の一角にひっそりと立っている

右／紅梅　華やかな紅梅が境内を彩る　**左上／拝殿**　かつて近辺にあった商店街が奉納した狛犬に守られて立つ　**左下／おみくじ結び所**　こんな所にも牛の姿が

たくさんの「牛」と出会える
都心のオアシスのような神社

牛天神北野神社《うしてんじんきたのじんじゃ》

文京区春日

東京ドーム最寄りの地下鉄後楽園駅から、富坂《とみさか》を上った高台にあります。木々に囲まれた境内に入ると、ふっと気持ちのよい神気に包まれます。

御祭神の菅原道真《すがわらのみちざね》公は「牛」と関わりのある神様として知られ、この北野神社もその昔はただ「牛天神社」と呼ばれていたというほど、牛と関係の深い神社です。

のちに鎌倉幕府を開く源頼朝《みなもとのよりとも》公が奥州《おうしゅう》征伐に向かう途中、この地に立ち寄り、境内の岩に腰掛けました。すると牛に乗った道真公が夢枕に立ち、願いは叶うと告げられました。翌年、お告げの通りになったため、頼朝公がその岩を御神体として祀ったということです。

その後、太宰府《だざいふ》天満宮から道真公の御神霊が勧請《かんじょう》され、人々の崇敬を集めるようになりました。境内には、頼朝公の逸話に由縁のある、「ねがい牛」という牛の形をした石があります。

境内にある梅は紅梅がほとんどで、関東ではここにしかない「しだれ梅」も見られます。毎年2月に開催される「紅梅祭り」では、梅の実で作った和菓子や梅酒が振る舞われます。

境内末社の太田神社には、弁財天の姉の暗闇天女《くらやみてんにょ》という貧乏神が、ある正直者の旗本に丁重に祀られて福の神に変わったという、ちょっと不思議な話も伝わっています。

⛩御祭神
菅原道真公
⛩御利益
学業成就
厄除け・健康

お正月用の
特別御朱印はこれ！

- 右の字…奉拝（通常は墨文字）
- 中央の字…牛天神・北野神社
- 中央上の印…社紋（梅）
- 中央の印…北野神社之印

参道入り口　安藤坂方面から境内へ上る細い石段。かつてこの周辺は入り江で、境内は海食崖の上にあったらしい

狛牛　拝殿に向かって左右に1体ずつ置かれている。のんびりした顔つきは癒し系

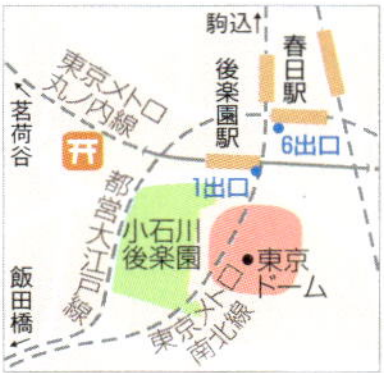

文京区春日1-5-2　03-3812-1862
東京メトロ丸ノ内線・南北線後楽園駅から徒歩10分　御朱印300円／9時～17時／社務所で授与

「ねがい牛」は牛の形をした自然石で、頭にあたる部分を撫でながら、真心を込めて念じ続けると願いが叶うといいます。別の方法では、まず手水舎の水でハンカチを湿らせ、牛の口元に持っていき、気を吹き込みます。それをビニール袋に入れて持ち帰り、枕の下に入れて眠るといいそうです。

▲撫で牛はここが発祥。頭は少しすり減っている

拝殿　黒に金をあしらった豪華な権現造りの社殿が、透塀に守られて鎮座する。江戸幕府250年を牽引した徳川家の威信が感じられる

徳川家康を神として祀る
上野公園の一角にたたずむ古社

上野東照宮《うえのとうしょうぐう》

台東区上野公園

広大な上野の山にある上野公園には、美術館、博物館、動物園、神社やお寺、大学の施設まであります。上野東照宮はその南西に位置する神社です。隣は上野動物園、目の前は遊園地ですが、参道に一歩足を踏み入れると、一変して静《せい》謐《ひつ》な雰囲気に包まれます。

まず目に入るのが、参道にずらりと並ぶ灯籠。銅灯籠は48基、石灯籠は２００基もあり、すべて諸国の大名から奉納されたものです。黒と金を基調とした堂々たる社殿は、かつて「金色殿《こんじきでん》」とも呼ばれたそうです。日光東照宮に劣らず装飾も色彩豊かで、なかでも左甚五郎《ひだりじんごろう》作の登り龍・降り龍の彫刻がある唐門《からもん》はみごとです。実はこの龍は、毎晩近くの不忍池《しのばずのいけ》に水を飲みにいくのだとか。

家康公は最初は徳川家の菩提寺である寛永寺《かんえいじ》に祀られていましたが、寛永4年（１６２７）現在地に神として祀られました。東照とは「東国の天照大神《あまてらすおおみかみ》」という意味です。全国に約１３０社の東照宮があるといいますから、徳川将軍家の権威がしのばれます。現在の社殿は、祖父を敬愛する三代将軍家光《いえみつ》が慶安4年（１６５１）に造営したもので、国の重要文化財に指定されています。

唐門の外から参拝しますが、社殿の拝観もできます。境内の外にあるぼたん苑では春だけでなく、冬ぼたんも見られるのが楽しみです。

⛩御祭神
徳川家康公
徳川吉宗公
徳川慶喜公

⛩御利益
勝運
仕事運

迫力ある文字に
身が引き締まる

- 右の字…上野
- 中央の字…東照宮
- 中央の印…天海僧上・東照神君・藤堂高虎
- 左下の印…上野東照宮社務所

銅灯籠　紀伊・水戸・尾張の徳川御三家から2基ずつ6基が奉納された

ぼたん苑　境内の外にあり、開苑期間は春は4月中旬～5月中旬、冬は1月～2月末ごろ。入苑700円

御朱印帳　表紙は社殿、裏表紙は昇り龍・降り龍（上）、白地にパステルカラーの葵の紋（下）と、デザインは2種類。初穂料各1500円

台東区上野公園9-88　03-3822-3455
JR上野駅または京成電鉄京成上野駅から徒歩5分　＊御朱印300円／9時～16時30分／社務所で授与

上野東照宮の社殿脇にある栄誉《えいよ》権現社には、四国八十八狸の総帥といわれる狸が祀られています。いたずら狸ですが、霊験はバツグン。「タヌキ」＝「他を抜く」の語呂合わせから、受験の神様となっています。そういえば家康公も生前「狸親父」などといわれていました。

▲ツンと上を向いた「他抜き（狸）」の絵馬でいっぱい

花の神社

つつじ苑　4月中旬～末ごろまで100種3000株のツツジが楽しめる。甘酒茶屋や露店も出る。入苑300円

東京を代表する「スサノオ神社」
谷根千でぶらり歩きも楽しめる

根津神社《ねづじんじゃ》

文京区根津

東京には数多い、ヤマトタケルノミコトゆかりの神社のひとつです。今から１９００年以上もの昔、ヤマトタケルノミコトが千駄木に須佐之男命《すさのおのみこと》を祀ったのがはじまりとされます。須佐之男命を祀る神社としては、現在の東京の中でも指折りの大きさです。

社殿は、五代将軍徳川綱吉《つなよし》が兄・綱重《つなしげ》の子（綱豊《つなとよ》）を世継ぎに決めた際、兄の江戸屋敷を神社の土地として献納したときのもの。その大がかりな造営工事は当時、「天下普請」と呼ばれたそうです。

権現《ごんげん》造りの神殿や透塀《すかしべい》、唐門《からもん》、楼門などが今も変わらず凛として立っているのを見ると、こちらも襟を正したくなります。

六代将軍家宣《いえのぶ》となった綱豊は「根津権現」（当時の呼び名）をあつく信仰し、その祭礼を取り仕切って「天下祭」と呼ばれるほどの盛大な祭りとしました。

広い境内には平成に架橋された神橋や、２０００坪もあるつつじ苑などがあり、散策にもぴったり。このツツジは綱重の屋敷だったころに植えられていたそうで、毎年4月の「文京つつじまつり」には多くの人が訪れます。この界隈にはかつて森鷗外《もりおうがい》や夏目漱石なども住んでいて、根津権現の名は作品の中に登場します。

「願掛けカヤの木」は、縁結びの御利益やパワースポットとして知られています。

⛩御祭神
須佐之男命
大山咋命
誉田別命
⛩御利益
厄除け・健康
恋愛・縁結び
商売繁盛

力強い字と大きな押し印に
パワーをいただける

- 右の字…奉拝
- 中央の字…根津神社
- 中央の印…根津神社
- 右下の印…元准勅祭十社之内

表参道口　赤い大きな鳥居が目印

楼門　東京で楼門のある神社は数少ない。池や神橋もある境内も美しい

御朱印帳　表紙はツツジと楼門、拝殿、裏表紙は乙女稲荷の千本鳥居。御神紋入りの黒もある。初穂料1200円

文京区根津1-28-9　03-3822-0753
東京メトロ千代田線根津駅または千駄木駅、南北線東大前駅からいずれも徒歩5分
＊御朱印300円／10時～16時／授与所で授与

!

乙女《おとめ》稲荷《いなり》神社《じんじゃ》の千本鳥居は心願成就のお礼に奉納されたもので、霊験の強さを感じさせます。祠の奥には深い穴があり、これが生命を生み育む女性の象徴とされたとか。「乙女稲荷」の名はそれが由来です。どこまでも続く鳥居をくぐっていると、神秘の世界に迷い込むような気がします。

▲千本鳥居には願いが「通る」ようにという意味がある

境内　太鼓橋（男橋）の上からは境内全体がほぼ見渡せる。晴れた日は特に緑があざやか。拝殿の屋根と東京スカイツリーが並ぶのも絶妙な構図

「東国の大宰府」になった天神社
境内の美しさは東京でも指折り

亀戸天神社《かめいどてんじんしゃ》

江東区亀戸

境内に足を踏み入れたとたん、目の前に朱塗りの太鼓橋が現れ、参拝者をやさしく迎え入れてくれるような神社です。

江戸時代、菅原道真《すがわらのみちざね》公の子孫にあたる菅原大鳥居信祐《おおとりいしんゆう》は、道真公を追って大宰府《たざいふ》まで飛んでいったという「飛び梅」の枝に御神像を刻み、天神信仰を広めるために諸国を歩き回ったそうです。そして、この本所亀戸村にたどり着き、古くからあった天神を祀る祠に御神像を祀ったと伝わっています。

もう一柱の御祭神・天菩日命《あめのほひのみこと》は、道真公の遠い祖先で、天照大神《あまてらすおおみかみ》の二男とされる偉大な神様です。太宰府天満宮から御祭神をお迎えしたことから、古くは「東《あずま》宰府天満宮」と呼ばれたこの神社は、境内も太宰府天満宮にならって造られました。社殿、過去・現在・未来を表す三橋、心字池、藤棚など、散策するだけで心が癒されていく気がします。

〝亀戸〟らしく、池に甲羅干しをしているたくさんの亀がいたり、拝殿のそばに5歳の道真公の可愛らしい御神像があったり。偉い「天神さま」にも親しみを感じてしまいます。

5月の「藤まつり」のほか「梅まつり」や「菊まつり」も催され、一年中、花にあふれた神社です。社殿の背景に東京スカイツリーがそびえているのが、どこか現代的な光景です。

⛩御祭神
菅原道真公
天菩日命
⛩御利益
学業成就
厄除け・健康

「亀」の字が難しいけど
かっこいい！

- 右の字…奉拝
- 中央の字…亀戸天神社
- 右上の印…東宰府
- 中央の印…亀戸天神社
- 右下の印…元准勅祭十社之内

藤棚 藤の紫色と太鼓橋の朱色のコントラストが美しい

五歳の菅公像 5歳にして詠んだという梅の花を讃える和歌が刻まれている

御朱印帳 光沢のある藤色をベースに藤の花と神橋が上品に配されている。裏表紙は社紋（梅）。初穂料1000円

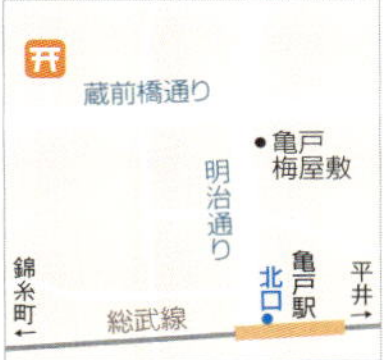

江東区亀戸3-6-1　03-3681-0010
JR亀戸駅またはJR・東京メトロ半蔵門線錦糸町駅からいずれも徒歩15分　御朱印300円／8時30分～16時30分／社務所で授与

1月24日と25日、境内は「うそ替え神事」でにぎわいます。神職が心をこめて作る檜の「うそ鳥」を毎年取り替えることで、去年の不運が「ウソ」になり、新年の吉兆が約束されるといわれます。漢字の「鷽」が「學」に似ていることから、ウソは天神様とのつながりが深い鳥とされています。

▲紀元2600年記念に氏子地域から奉納された「鷽の碑」

拝殿　静謐な境内に立つ由緒ある拝殿には、一人静かに拝礼する姿が似合う。自分の心をじっくり見つめたいときに訪れたい

人と人の仲をくくるシラヤマの神
姫神にふさわしい花の神社

白山神社《はくさんじんじゃ》

文京区白山

古くからの文教の町に静かに立つ神社です。大学に隣接しているためか、若い人が熱心に参拝する姿もよく見られます。平安時代に白山神社の総本宮・石川県の白山《しらやま》比咩《ひめ》神社から勧請《かんじょう》した白山神社を、江戸時代にこの地へ移したそうです。

　御祭神の菊理姫命《くくりひめのみこと》は、神話の中にただ一度だけ登場する女神で、イザナギノミコトとイザナミノミコトの仲を取り持った神様とのことです。「ククリヒメ」の「クク」が「九九」に通じるとして、毎年9月9日に白山神社を訪れるとパワーをいただけるという俗説もあります。この日は五節句のひとつ「重陽《ちょうよう》」にもあたり、邪気を払うために菊の花を飾ったり、菊酒を飲むという古くからの習慣があります。これも菊理姫命との由縁を感じます。

　毎年6月には、白山神社の境内を会場に、文京区が区内の花の名所で開催する「文京花の五大まつり」のひとつ「あじさいまつり」が開かれます。うす紫のアジサイの花が、隣接する白山公園まで途切れることなく続く様子は、まさしく「花の神社」といった趣。約3000株ものアジサイがあるというから驚きです。また、この神社には歯痛止めの御利益があるため、あじさいまつり期間中には珍しい「歯ブラシ供養」や歯ブラシの配布がおこなわれます。

⛩御祭神
菊理姫命
伊弉諾命
伊弉冉命
⛩御利益
恋愛・縁結び
商売繁盛
厄除け・健康

女神を祀る社らしい美しい御朱印

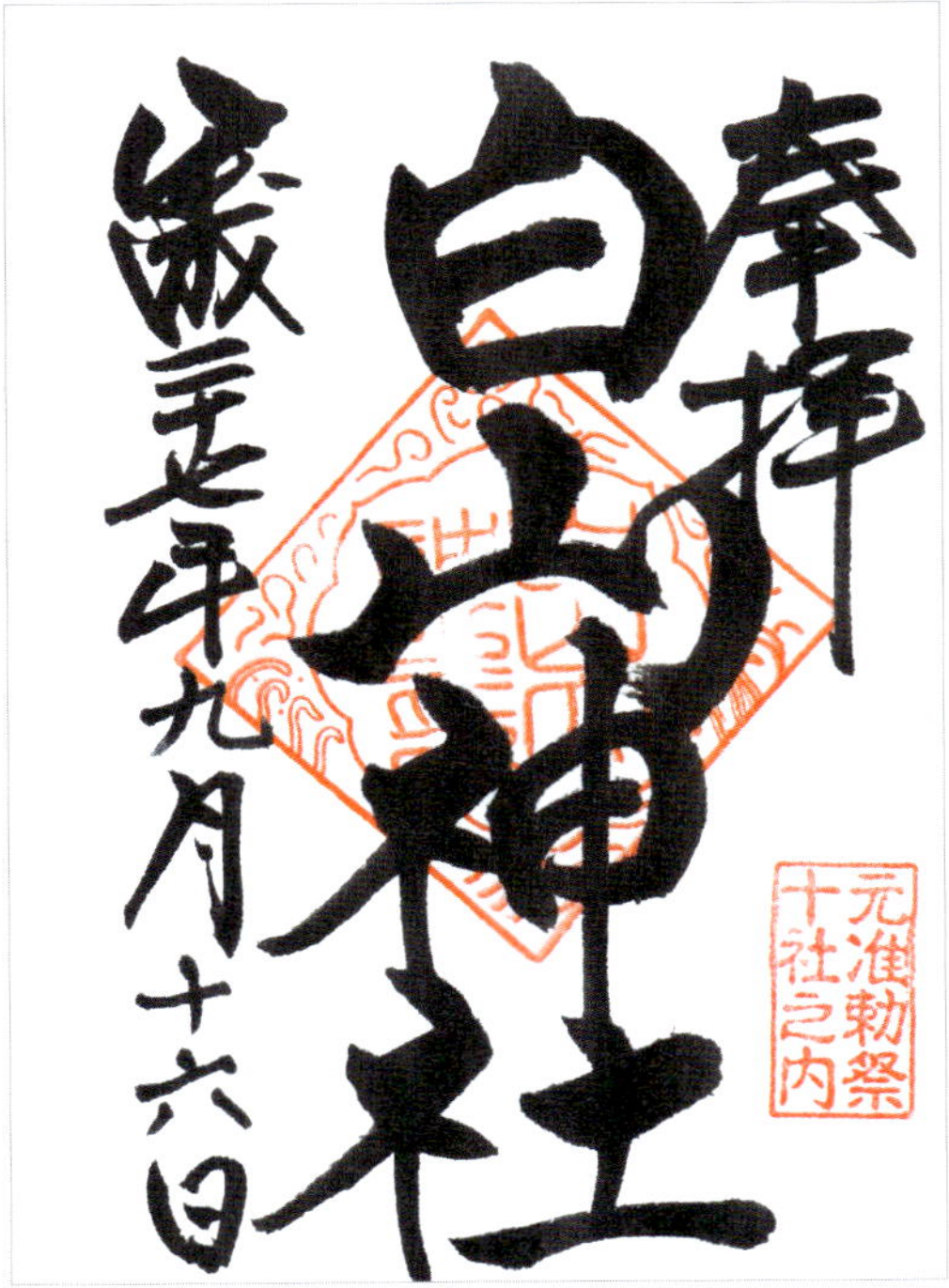

- 右の字…奉拝
- 中央の字…白山神社
- 中央の印…白山神社之印
- 右下の印…元准勅祭十社之内

あじさいまつり　アジサイが咲く富士塚から社殿を見る

狛犬　目は金色、頭には宝珠をのせた「阿形」の狛犬

文京区白山5-31-26　03-3811-6568
地下鉄都営三田線白山駅から徒歩3分
御朱印300円／9時〜17時／社務所で授与

白山神社の境内裏手には高さ4mほどの富士塚があり、山頂には浅間神社が鎮座しています。普段は閉鎖されていますが、毎年「あじさいまつり」の期間中のみ開放されます（9時〜17時）。アジサイの花に囲まれながら富士塚を登っていく気分はまた格別です。

▲巨木に守られた富士塚。普段はひっそりしている

右／神田祭　2年に一度の大神輿渡御　**左上／拝殿**　七五三に結婚式。節目節目で神田明神にお世話になる人も　**左下／随神門**　総檜・入母屋造りの壮麗な門

祭りの神社

東京を見守り続ける明神様
現代人の願いもバッチリ成就

神田神社《かんだじんじゃ》

千代田区外神田

老舗のお蕎麦屋さんなどが並ぶ参道を行くと、極彩色の立派な門に突き当たり、それをくぐると広い境内が目の前に広がります。

いつもたくさんの人がいて、毎日がお祭りのようににぎやかな神田神社は、今でも「神田明神」と呼んだほうが通りがいいはず。秋葉原にも近いこの神社の絵馬には、さまざまなアニメのキャラクターが描かれ、IT関連会社の守り神のようにもいわれています。

神田祭《かんだまつり》は「江戸三大祭」のひとつで、現在も氏子《うじこ》町内を挙げて盛大におこなわれています。一度は神田祭のお神輿《みこし》を担ぐのが夢、という若者も多いとか。最近では「江戸っ子みこしー」というキャラクターも活躍しています。

もともと神田明神は江戸の総鎮守と定められた神社で、将軍家の崇敬もあつかったのですが、それ以上に庶民の信仰を広く集めていました。なにしろ庶民に大人気の平将門《たいらのまさかど》公を祀っているのですから。平安時代に朝廷に逆らって乱を起こした将門公は、明治時代になると朝敵として一時、御祭神の座を降ろされましたが、地元の人々の熱望によって復活したという逸話も残っています。

迫力満点の狛犬が守る神殿の裏手には、地主の神である江戸神社、魚河岸水《うおがしみず》神社など多くの摂末社のほか、銭形平次の石碑もあるなど見どころの多い神社です。

⛩御祭神
大己貴命
少彦名命
平将門命

⛩御利益
縁結び
厄除け・健康
勝負運

江戸の守護神らしい
質実剛健さ

- 右の字…奉拝
- 中央の字…神田神社
- 中央の印…神田神社
- 右下の印…元准勅祭十社之内

千代田区外神田2-16-2　03-3254-0753
JR・地下鉄御茶ノ水駅または地下鉄新御茶ノ水駅からいずれも徒歩5分　＊御朱印300円／9時～16時／神札授与所で授与

少彦名命　海から現れたという御祭神の少彦名命。エビス様とも呼ばれる

絵馬　ハート型の絵馬奉納所。アニメのキャラクターが大人気

御朱印帳　ピンク地に鳳凰殿の鳳凰があしらわれている。青地で同柄もある。初穂料1000円

平成28年（2016）、神田神社は現在地に遷座して400年目を迎えます。その節目の年の祭りを盛り上げるために生まれたマスコットが「江戸っ子みこしー」。ほかにも「だいこく様」「おはやシスターズ」など、たくさんのキャラクターがあります。

江戸っ子『みこしー』

▲神田祭のお神輿が「みこしー」。台輪には神紋、屋根には鳳凰も

祭りの神社

拝殿　境内では正装した家族連れや、外国人旅行者の姿をよく見かける。草木や鳥虫を描いた拝殿の123枚の天井絵もみごと

江戸・東京鎮護の神社の神使はお猿さん

日枝神社《ひえじんじゃ》

千代田区永田町

永田町といえば、政治の中枢機関が集まる場所。その高台にある境内に一歩足を踏み入れると、空気が一変する気がします。階段を上るのは少しきついけれど、参拝用エスカレーターもありますから心配ご無用。

境内は広く、参道は全部で6か所もあります。見晴らしも最高です。ほかの神社ではあまり見ないような、緑色の屋根と朱色の柱を取り合わせた社殿の美しさは都内でも指折りではないでしょうか。

おもしろいのは、拝殿前に狛犬ではなく一対の神猿（まさる）が座っていること。かわいい猿がデザインされた授与品も多く、思わずうれしくなってしまいます。なぜ猿なのかというと、猿は御祭神・大山咋神《おほやまくいのかみ》の神使《しんし》とされるため。猿は子だくさんであることから、子授けの御利益もあるそうです。

大山咋神は山の神様で、滋賀県の比叡山《ひえいざん》に鎮座する日吉大社の神様と同じです。山は清浄な水を生み出す源ですから、すべての恵みを授けて下さる神様と考えられています。

日枝神社は神仏習合《しんぶつしゅうごう》の時代には「山王大権現」と呼ばれ、その名は溜池山王《ためいけさんのう》の駅名に残っています。例年6月には「山王祭《さんのうまつり》」が開かれますが、特に隔年の「神幸祭《じんこうさい》」の祭礼行列はまるで平安絵巻のよう。きらびやかな御鳳輦《ごほうれん》や宮神輿《みやみこし》、山車《だし》が東京都心をめぐります。

⛩御祭神
大山咋神
⛩御利益
産業発展
恋愛・縁結び
厄除け・健康

双葉葵の緑と押し印のコントラストが美しい

- 右の字…皇城之鎮
- 中央の字…日枝神社
- 中央の印…日枝神社
- 左上・右下の印…双葉葵
- 左下の印…元准勅祭十社之内

山王祭　祭りでありながら優雅さにあふれた神輿行列

宝物殿　旅行者には宝物殿も人気。英語版のおみくじも用意されている

御朱印帳　「見ざる聞かざる言わざる」ポーズの三猿が大人気。同柄で青地もある。初穂料1000円

千代田区永田町2-10-5　03-3581-2471
地下鉄赤坂駅または溜池山王駅からいずれも徒歩3分　＊御朱印500円／社務所9時～17時、宝物殿10時～16時／社務所または宝物殿で授与

！

拝殿前に置かれた一対の猿の石像には「まさる」という名がついています。夫婦だそうで、右が父猿、左が母猿と子猿です。母猿のほうを撫でると、願いが叶うとも。猿を魔除けとするのは日枝神社だけではなく、京都御所の鬼門にも木彫りの猿が祀られています。

▲まさる様たちの装束の赤も、魔除けの色

三社祭　宮神輿の宮出し。浅草神社の境内が人、人、人で埋まる祭りのハイライトだ

浅草っ子の血を沸き立たせる
春の三社祭はこの神社の祭礼

浅草神社《あさくさじんじゃ》

台東区浅草

浅草寺《せんそうじ》のすぐ隣にある、5月の三社祭《さんじゃまつり》で知られる神社です。御祭神が神様ではなく、ふつうの人間というところがほかの神社と少し変わっていますが、それは次のような由来があるためです。

今から１３５０年ほどの昔、檜《ひの》前浜成《くまのはまなり》と竹成《たけなり》という漁師の兄弟が隅田川で漁をしていると、魚は釣れず、代わりに小さな像が網に掛かりました。何度捨ててもその像が掛かってくるので不思議に思い、土地の名士・土師真中知《はじのまつち》に見せると、真中知はそれをありがたい観音像だと言い、自ら僧となって祀ることにしました。それが観音菩薩を本尊とする浅草寺の起こりで、のちにこの三人を「三社権現」という神として祀るようになったということです。

このように、浅草神社はもとは浅草寺と一体でしたが、明治の神仏分離によって神社として独立しました。といっても、今でも浅草寺とは切っても切れないつながりがあります。現在の社殿は三代将軍家光《いえみつ》によって寄進されたもので、彩色のある彫刻が見事です。境内では猿回しなどの芸も見られます。

浅草神社が一年で最も華やぐのはやはり、3日間で１５０万人の人出があるという三社祭でしょう。特に3基の宮神輿《みやみこし》の宮出し・宮入りの際の境内は、祭り装束の人々ですし詰め状態。喧騒のるつぼと化します。

⛩御祭神
土師真中知
檜前浜成
檜前竹成
⛩御利益
商売繁昌
家内安全

漁師の網を表す社紋が独特

- 右の字…奉拝
- 中央の字…浅草神社
- 右の印…浅草三社
- 中央の印…社紋（三つの網）
- 左下の印…浅草神社

社殿　創建当時の姿を残す社殿は平成8年（1996）の修復で鮮やかな色彩がよみがえった

絵馬奉納所　英語で書かれた絵馬が多いのも浅草らしい

御朱印帳　表紙は、小紋の柄を重ねた上に銀糸で社紋を縫い取っている。同柄で紺とピンクもある。初穂料1000円

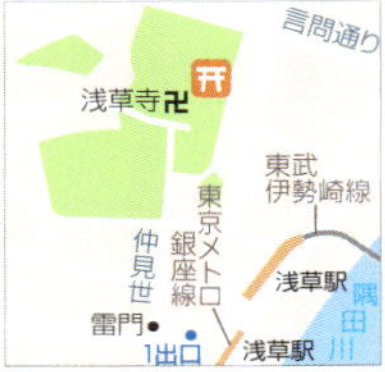

台東区浅草2-3-1　03-3844-1575
東京メトロ銀座線・地下鉄都営浅草線・東武伊勢崎線浅草駅から徒歩7分　＊御朱印300円／9時～16時30分／社務所で授与

あまり知られていませんが、浅草神社には徳川家康公も合祀されています。浅草神社の社殿は、家康公を祀る日光東照宮と同じ本殿・幣殿・拝殿がつながった権現造りで、装飾も東照宮のように華麗です。ほかに大国主命《おおくにぬしのみこと》と「浅草名所《などころ》七福神めぐり」の恵比寿神も祀られています。

▲麒麟《きりん》や飛龍《ひりゅう》などいろいろな霊獣が描かれている

境内　伊勢神宮と同じ形の鳥居をくぐって境内へ。拝殿へ上る石段の両脇には生姜塚や貯金塚が立っている

ここは「関東のお伊勢さま」
11日間続く「だらだら祭り」がユニーク

芝大神宮《しばだいじんぐう》

港区芝大門

平安時代の寛弘《かんこう》2年(1005)に創建されたという、由緒ある神社です。東京タワーに近いビジネス街にあるためか、参拝に訪れるビジネスマンが多く、こぢんまりした境内はいつ訪れても活気にあふれています。

御祭神は天照皇大御神《あまてらすすめおおみかみ》と豊受大神《とようけおおかみ》。伊勢神宮の内宮《ないくう》と外宮《げくう》に祀られている神様と同じです。伊勢神宮と同じ神明型の、真っ白でシンプルな大鳥居からもそのことがわかります。

鎌倉時代には源頼朝《みなもとのよりとも》の、江戸時代には徳川幕府の崇敬を受け、伊勢信仰が庶民の間に流行したこともあって、「関東のお伊勢さま」と呼ばれるほど人気のある神社になりました。その様子は広重の錦絵にも描かれています。

この神社が一番にぎわうのは、9月の例祭の時期でしょう。「だらだら祭り」という、おもしろい名前で呼ばれています。参拝者があまりに多く、その列がだらだら続くためとか、祭りが11日間にわたってだらだら続くから、などがその名の由来だそうです。

かつてはショウガの奉納が多かったことから境内には生姜市が立ち、歌舞伎の題材になった「め組の喧嘩」の半鐘が展示されるほか、縁起物の千木筥《ちぎばこ》が授与されます。祭りのクライマックスには氏子《うじこ》神輿《みこし》が20基も出て、地域を練り歩きます。

⛩御祭神
天照皇大御神
豊受大神
⛩御利益
五穀豊穣
厄除け・健康
恋愛・縁結び

簡素ながら洗練された神明社らしい御朱印

● 右の字…奉拝　● 中央の字…芝大神宮
● 右上の印…芝神明
● 右下の印…元准勅祭十社之内
● 中央の印…芝大神宮

神輿　例祭を前に境内に展示されている宮神輿

絵馬　「め組の喧嘩」にちなんだ絵馬もある

御朱印帳　銀を基調に神紋を並べた意匠と織り地が美しい。初穂料1200円

港区芝大門1-12-7　03-3431-4802
地下鉄大門駅から徒歩1分、またはJR山手線浜松町駅から徒歩5分　御朱印300円／9時～17時／社務所で授与

「め組の喧嘩」とは、江戸時代に実際に起こった町火消し「め組」の鳶《とび》たちと江戸相撲の力士たちの大げんかのこと。この神社でおこなわれていた相撲の春場所を、「め組」の辰五郎の知人が無銭で見物しようとしたことから、両者入り乱れての大乱闘が繰り広げられました。

▲狛犬の台座にも「め組」の文字が

拝殿　古くから「寺は浅草、社は鳥越」と称され、下町の人たちに愛されてきた。社殿は、東を向いて立っている

ヤマトタケルゆかりの古社
鳥越祭は地元の最大イベント

鳥越神社《とりごえじんじゃ》

台東区鳥越

関東には日本武尊《やまとたけるのみこと》ゆかりの神社がたくさんありますが、鳥越神社もそのひとつです。日本武尊は第十二代景行《けいこう》天皇の御子で、父に命令されるまま、国中の夷敵《いてき》を征伐するため西へ東へと赴いて戦った悲劇のヒーローです。

鳥越神社のある地は、日本武尊が東夷征伐に向かう途中、しばらく滞在した場所といわれています。やがてその徳をしのんで白鳥《しらとり》明神《みょうじん》として祀られました。今から1360年以上前のことです。この白鳥という名は、日本武尊が亡くなったのちに白鳥になって飛んでいったという伝説と関わりがあります。

平安時代の前九年《ぜんくねん》の役《えき》の際、源頼義《みなもとのよりよし》・義家《よしいえ》親子が宮戸川を渡ろうとすると、一羽の白鳥が飛んできて川の浅瀬に止まり、渡れる場所を教えてくれました。義家はこれを白鳥明神の御加護として感謝し、鳥越大明神という名に改めたということです。

ふだんは静謐なこの神社が、毎年6月の鳥越祭では「千貫神輿《せんがんみこし》」と呼ばれる御本社神輿が出て大いににぎわいます。この神輿は東京一重いのだそうです。行列はサルタヒコノミコト（天狗）が先導し、五色の旗を持った子どもたちがあとに続きます。夜の宮入りでは神輿の周りに提灯が付けられ、高張《たかはり》提灯に囲まれて往来を行く様子には幽玄な趣があります。

⛩御祭神
日本武尊
天児屋根命
東照宮公
（徳川家康公）

⛩御利益
厄除け・健康
仕事運
勝運

力強い文字と
押し印の迫力がすごい

- 右の字…奉拝
- 中央の字…鳥越神社
- 右上の印…社紋（七曜紋）
- 中央の印…鳥越神社之印

鳥越の夜祭　提灯に照らされて宮入りする千貫神輿

狛犬　筋肉隆々で迫力満点。奈良・手向山神社の狛犬が原型という

御朱印帳　鳳凰柄の更紗地に七曜紋と月星紋を金箔押しした、粋なデザイン。初穂料1300円

台東区鳥越2-4-1　03-3851-5033
地下鉄都営浅草線蔵前駅から徒歩5分
御朱印初穂料はお気持ちで／9時～17時／社務所で授与

！

社殿の窓に映っている文様は北斗七星をかたどった「七曜紋《しちよう》」と「月《つき》星《ほし》紋」。これは鳥越神社の神紋で、下総《しもうさ》を本拠とする千葉氏の嫡流が使っていた家紋です。かつてはこの一帯も、北極星や北斗七星を信仰していた千葉氏の勢力範囲だったのでしょうか。

▲由来もミステリアスな神紋

深川八幡祭り　宮神輿の渡御は3年に一度。二の宮（写真）を筆頭に町神輿が町内を練り歩く。沿道の人が担ぎ手に清めの水をかけることから「水掛け祭り」とも

「深川の八幡様」は地域の中心　大相撲はこの境内から生まれた

富岡八幡宮《とみおかはちまんぐう》

江東区富岡

富岡八幡宮は、昔は永代島《えいたいじま》と呼ばれていた場所にあります。すぐ近くにある深川不動尊とともに、地域の中心として親しまれている神社です。

八幡様は源氏の氏神として信仰され、のちには源氏の流れをくむ徳川将軍家にも崇敬されました。富岡八幡宮が創建されたのは、江戸時代初期の寛永4年(1627)です。広大な砂洲を埋め立てて社地から造ったため、大工事だったようです。そのときに生まれた門前町が、現在の門前仲町です。

拝殿は珍しい二階建ての重層構造。震災や空襲で被害を受けたあと、戦後になってから建て替えらました。

創建からまもなくのころ、境内で初めての勧進相撲《かんじんずもう》がおこなわれました。以降100年にわたって本場所が挙行され、これが現在の大相撲の基礎となりました。まさに大相撲発祥の地で、境内には歴代力士の顕彰碑なども数多くあります。

8月15日を中心に行われる例祭は「深川八幡祭り」と呼ばれ、江戸三大祭のひとつです。江戸時代の豪商・紀伊国屋文左衛門《きのくにやぶんざえもん》が、総金張りの3基の神輿を奉納したというのは有名なエピソードです。惜しくも関東大震災で焼失しましたが、平成になって新たに黄金大神輿（一の宮）が作られました。このお祭りに対する、地元の人々の熱い思いがわかります。

⛩御祭神
応神天皇
神功皇后
仁徳天皇
⛩御利益
勝運
学業成就
恋愛・縁結び

流麗な「八」の字が美しい

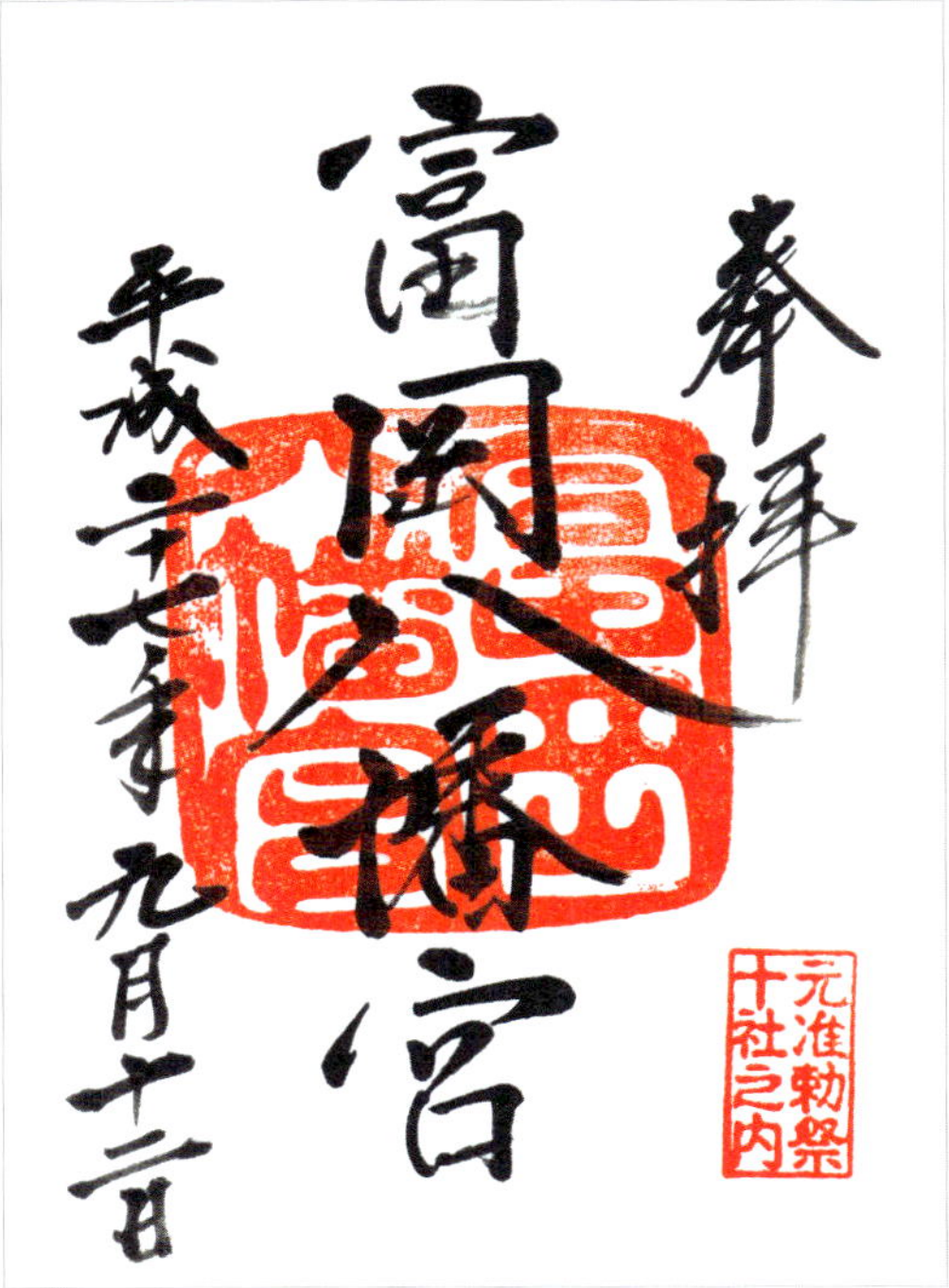

- 右の字…奉拝
- 中央の字…富岡八幡宮
- 中央の印…富岡八幡宮
- 右下の印…元准勅祭十社之内

神馬　古来から馬は神の乗り物とされてきた。境内にある神馬像は昭和11年（1936）の奉納

横綱力士碑　明治33年（1900）に建立。高さ3.5m、重量20ｔと巨大

社殿　昭和31年（1956）の造営。朱色が美しい

江東区富岡1-20-3　03-3642-1315
東京メトロ東西線門前仲町駅から徒歩3分、または都営大江戸線門前仲町駅から徒歩6分
＊御朱印300円／9時～17時／社務所で授与

日本で初めて全国を測量して日本地図を作った伊能忠《いのうただ》敬《たか》は、富岡八幡宮に近い深川黒江町（現在の門前仲町1丁目）に住んでいました。測量の旅に出かける前は必ず、富岡八幡宮に安全を祈願したといいます。この縁から平成13年（2001）に、大鳥居の横に銅像が建立されました。

▲伊能忠敬は50歳を過ぎてから測量術を学んだ

富士塚　拝殿の左側にそびえる富士塚は高さ約6m、直径約15m。国の重要有形民俗文化財に指定されている

学問の神様は天神様だけじゃない
謎めいた小野篁公を祀る

小野照崎神社《おのてるさきじんじゃ》

台東区下谷

朝顔市で知られる入谷鬼子母神《いりやきしもじん》にも近い、静かな下町に鎮座する由緒ある神社です。御祭神は平安時代の歌人・学者で、参議という要職にまで上り詰めた小野篁《おののたかむら》公です。篁公が訪れた上野照崎の地に仁寿《にんじゅ》2年（852）に創建され、江戸時代初めに現在地に遷りました。

小野家といえば、小野妹子《いもこ》や小野小町《こまち》を輩出した名家として知られますが、篁公もまた「博学広才にして人の及ぶところではない」といわれたほど、学問や芸術に才能のあった方です。

この神社には、菅原道真《すがわらのみちざね》公も合祀されています。このお二方が揃っているなんて、学問の神様としては最強の神社ではないでしょうか。

篁公には不思議な話も伝わっています。京都・六道珍皇寺《ろくどうちんのうじ》の井戸から夜な夜な地獄に赴き、閻魔大《えんまだい》王《おう》の補佐をしていたというのです。親しい人が亡くなって地獄に落ちたとき、そばにいた篁公がこの世に戻れるようとりなしたという話もあります。今も珍皇寺にはその井戸があるそうです。

境内には江戸時代末期に作られた富士塚があり「下谷坂本富士」と呼ばれています。富士山から運んだ溶岩を使って築かれ、ちゃんと一合目から十合目まであります。毎年、大祓《おおはらい》にあたる6月30日と、富士山の山開きの7月1日の二日間は一般に開放され、誰でも登ることができます。

⛩御祭神
小野篁公
菅原道真公
⛩御利益
学業成就
芸能上達
厄除け・健康

筆と文鳥が描かれた絵馬と梅紋が華やか

- 右の字…学問・芸能
- 中央の字…小野照崎神社と振り仮名
- 右上の印…絵馬
- 中央の印…篁公の印（三つ巴）と天神様の印（梅）
- 右下・左上下の印…梅

社殿　慶応2年（1866）築の社殿が今も健在。樋口一葉『たけくらべ』にも「小野照さま」として登場する

絵馬　篁公、学芸、干支の各種絵馬は初穂料800円

幸せみくじ　繭玉の中のおみくじを引いたら、願い文に願いごとを書いて繭の中へ

- 台東区下谷2-13-14　03-3872-5514
- 東京メトロ日比谷線入谷駅から徒歩3分
- 御朱印300円／9時〜17時／社務所で授与

庚申塚《こうしんづか》とは道教の庚申信仰に基づくもので、江戸時代に盛んでした。小野照崎神社の庚申塚は、日本三大庚申のひとつとされています。「青面金剛」の文字や三猿を刻んだ庚申塔が、10基以上並んでいます。また、富士塚の入り口の左右にも一対の猿が鎮座しています。

▲境内の一角にさまざまな形をした庚申塔が並んでいる

駒込富士　下から見上げると、こんもり盛り上がった山の形がよくわかる。長い石段の上に拝殿が立つ

元は古墳だった？「お富士さん」江戸時代の奉納石碑が見どころ

駒込富士神社《こまごめふじじんじゃ》

文京区本駒込

駒込富士神社の社殿は、富士塚の上に立っています。富士塚といえば境内摂社として小さく作られたものがほとんどですが、ここは富士塚がひとつの独立した神社となっているのです。

小高い丘のような富士塚の高さは約7ｍ。富士山の溶岩も使われ、山腹には小御嶽《こみたけ》神社、山頂には木《この》花咲耶《はなさくや》姫命《ひめのみこと》を祀る社殿があります。正面の階段は少し急で、裏手にはゆるい女坂もあります。

天正元年（1573）、本郷村の名主の夢枕に木花咲耶姫が立ったため、駿河から富士浅間社《ふじせんげんしゃ》を勧《かん》請《じょう》したのがはじまりです。その後、この地に移転しました。江戸時代には富士山を信仰する富士信仰が大流行し、富士講という組織が生まれました。ここはその拠点のひとつとなり、特に町火消《まちびけし》の間で信仰されました。

確かに、山腹も山頂も奉納された石碑でいっぱい。「文政六年」の日付や、昔の町名らしきものが読めたり、町火消のシンボルの纏《まとい》が刻まれていたりと、当時のものがそのまま残っています。

ところで、初夢に見ると縁起がいいといわれる「一富士二鷹三茄子」。一富士はこの駒込富士、二鷹は近辺にあった鷹匠屋敷、三茄子は名産だった駒込茄子のことだったのだとか。

6月30日から7月2日の山開きには、夜店も出てにぎわいます。

御祭神
木花咲耶姫命
御利益
恋愛・縁結び
厄除け・健康

“山開きの日限定”御朱印で富士のパワーをいただく

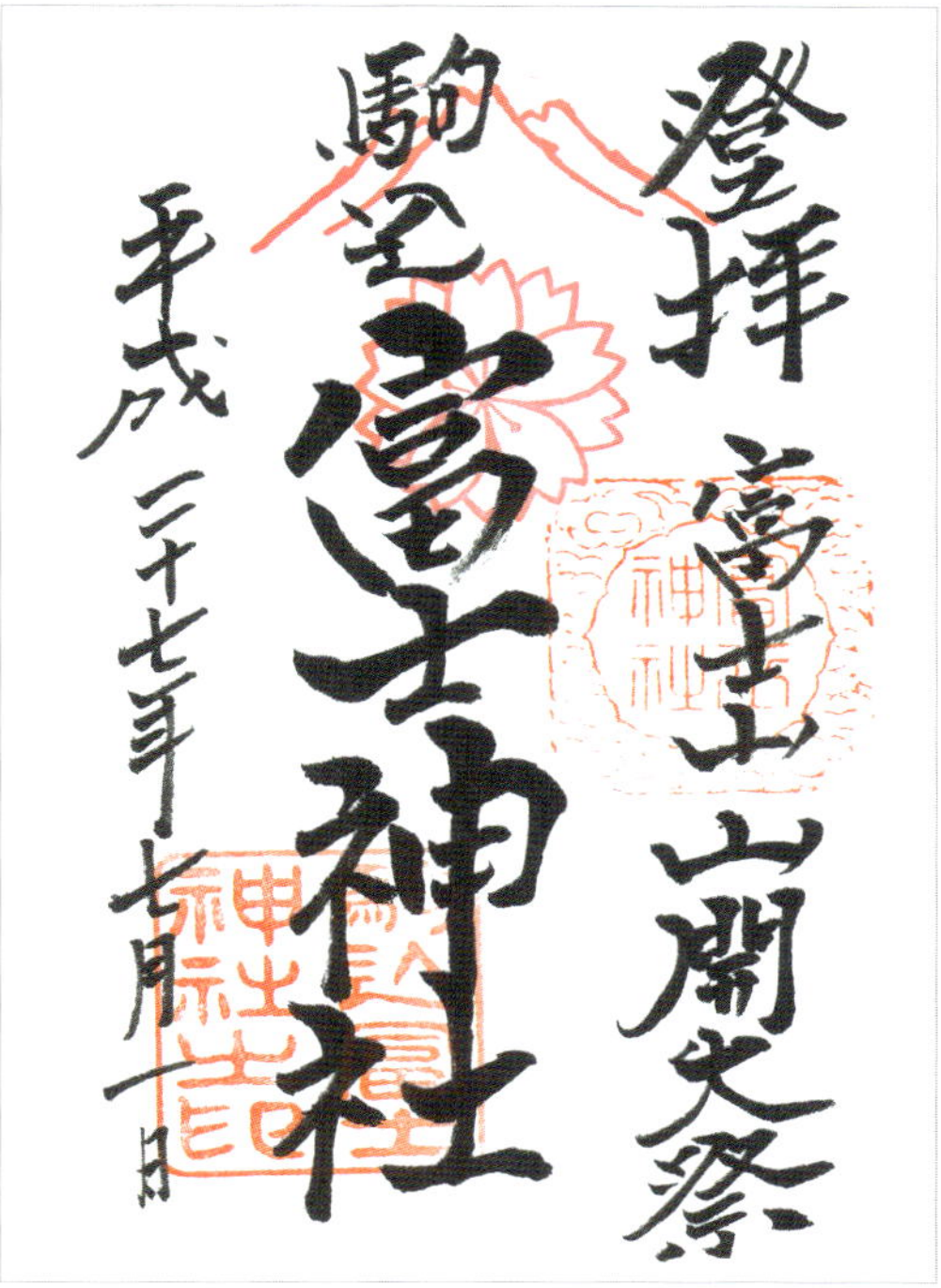

- 右の字…登拝・富士山山開大祭
- 中央の字…駒込富士神社
- 右中の印…富士神社
- 中央上の印…富士山と桜
- 左下の印…駒込富士神社之印

拝殿　富士山に見立てた山の上に祀られているのは木花咲耶姫命

鳥居と参道　境内にはイチョウやカヤなど古木も多い

石碑　拝殿に上る石段の左右には、町火消が奉納した石碑が立ち並ぶ

文京区本駒込5-7-20　03-3941-9617（塚本様方）　JR山手線・東京メトロ南北線駒込駅から徒歩12分　＊御朱印300円／山開きのときのみ社務所で授与。通常は無人社

！

駒込富士はその大きさと形から、東西に長い前方後円墳だったのではないかという説もあります。富士塚は本来、古墳であった場合も多く、北区の十条富士神社（P98）や、同じ文京区の白山神社（P74）の境内にある富士塚も、古墳だったのではないかといわれています。

▲全長45mほどの古墳に富士の溶岩を積んだものか

富士塚のある神社

右／富士塚　自然石の階段で頂上へ。左右にはクマザサが植えられている　**左上／身禄行者の像**　富士山7合目の石室で断食入定した姿を写した　**左下／社殿**　総欅造り

瑞祥の地に立つ由緒ある神社
白鳩が舞い降りたという伝承が

鳩森八幡神社《はとのもりはちまんじんじゃ》

渋谷区千駄ヶ谷

千駄ヶ谷の地はかなり古くから開けていたようで、古木が林立していたこの一帯には、瑞雲《ずいうん》がよく現れたといいます。ある日、空から白い雲がふわふわと降りてきたため、村人が林に入っていくと、たくさんの白い鳩がいっせいに飛び立ったということです。これを縁起のよいしるしとして、小さな祠を建てて神様を祀り、鳩森という名が付けられました。

のちに天台僧の円仁《えんにん》（慈覚大師《じかくだいし》）がこの地に立ち寄り、鳩を神使《しん》とする神様・八幡神《やはたのかみ》を勧請《かんじょう》して八幡神社となりました。

昔は鳥は神様のお使いとか、神様そのものとも考えられたため、白い鳩が舞い降りたというできごとは神様の降臨のように感じられたことでしょう。

社殿は戦災で焼失後、何度も修復を繰り返し、平成5年（1993）に総欅《けやき》造りの江戸時代の姿が復元されました。拝殿には草花や暮らしの道具などの天井画が、108点も描かれています。

この鳩森八幡神社の境内にも、富士塚があります。江戸時代の寛政元年（1789）に築かれたという古いもので、山頂には浅間神社の奥宮が、ふもとには御影石で作られた里宮が鎮座しています。7合目には富士講中興の祖・身禄《みろく》行者の尊像が祀られ、ほかにも烏《え》帽子《ぼし》岩や釈迦《しゃか》の割れ石もあるなど、ほんものの富士山さながらです。

⛩御祭神
応神天皇
神功皇后
⛩御利益
仕運運
勝運
恋愛・縁結び

雲をつく富士山に感激もひとしお

● 下の字…千駄ヶ谷・冨士登拝
● 上の印…富士浅間神社之印
● 左下の印…富士浅間神社之印

御朱印帳　瑞雲と花に鳩をあしらった「花柄」。ほかに「深緑」「えんじ」もある。初穂料1000円

鳩みくじ　開くと、やさしい言葉で語りかける鳩のイラストが。初穂料100円

◀通常の御朱印

● 右の字…奉拝
● 中央の字…鳩森八幡神社
● 中央の印…鳩之森八幡神社之印
● 左下の印…鳩森八幡神社之印

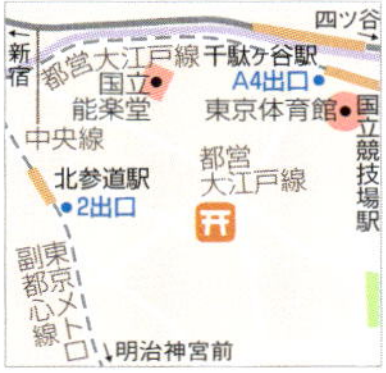

渋谷区千駄ヶ谷1-1-24　03-3401-1284
JR中央線千駄ヶ谷駅、地下鉄国立競技場駅、地下鉄北参道駅からいずれも徒歩5分
＊御朱印300円／9時～17時／社務所で授与

近くに日本将棋連盟の将棋会館があることから、境内には連盟が建立した六角形の将棋堂があります。御影石製の将棋盤の上に巨大な王将が奉納されており、将棋堂祈願祭もおこなわれます。最寄りの千駄ヶ谷駅の水飲み場には、大きな王将と将棋盤もあります。

▲将棋堂祈願祭は1月におこなわれる

富士塚のある神社

右／富士塚　大正9年（1920）富士山の溶岩で築かれた。新宿区指定文化財　**左上／表参道**　色鮮やかな鳥居と神門が続く　**左下／本殿**　天神様を祀る

ビジネス街でほっとひといき
ここだけで七福神めぐりもできる

成子天神社《なるこてんじんしゃ》

新宿区西新宿

多くのビジネスマンが行きかう、新宿副都心のビル街にある神社です。白い参道の突き当たりに立つ社殿は赤い色が印象的に使われ、金箔や彩色も施されて本当に華やかです。近年、マンションが周囲に建ったため、買い物袋を提げた住民が通る、のどかな光景も見られます。

柏木《かしわぎ》村鳴子と呼ばれていた昔、このあたりは天照大御神《あまてらすおおみかみ》を祀る聖地だったそうです。平安時代、菅《すが》原道真《わらのみちざね》公が亡くなったことを悲しんだ家臣の佐伯某は、平安京から道真公の像を持ち帰ってこの地に祀りました。これがこの神社の創始とされています。江戸時代には春日局《かすがのつぼね》が三代将軍家光《いえみつ》から社地を賜わり、天満天神社として壮麗な社殿を造営しました。

境内には天照大御神や水の女神を祀る社など、数多くの摂社があることも、この地が古い聖地だったことを物語っています。

境内奥の富士塚の高さは、新宿区内最高の12m。山頂近くの登りはけっこうきつく感じます。山頂と麓には富士山の女神・木花咲耶《このはなさくや》姫命《ひめのみこと》が祀られており、麓にはその尊像がやさしく微笑んでいます。

お祭りで力比べに使われた力石が並んでいたり、参道のあちこちに七福神の像が置かれているのも興味深いものです。全部で20の神様をめぐることができるため「めぐり天神」とも呼ばれています。

⛩御祭神
菅原道真公
⛩御利益
学業成就
厄除け・健康

ほかにはない迫力！
「天満宮」の文字がすごい

- 中央の字…天満宮
- 右の印…成子天神社
- 上の印…社紋（梅）
- 中央の印…成子天神社

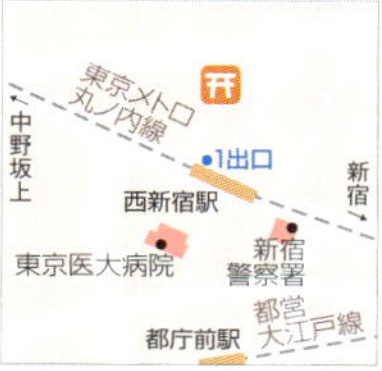

新宿区西新宿8-14-10　03-3368-6933
東京メトロ丸ノ内線西新宿駅から徒歩3分
御朱印300円／9時～17時／社務所で授与

浅間神社　作物育成・縁結びの神である木花咲耶姫命を祀る

力石　本殿の前に置かれている。一つ150～218kgもある

富士塚　頂上付近はかなり急な上りが続く

ふつう七福神めぐりは多くの神社やお寺を回らなければなりませんが、この神社なら一度ですべての神様を参拝できます。境内でご神像の姿を拝見できる神社は数少ないもの。表参道から北参道にかけて立っている神様たちの表情はそれぞれ個性的で、いずれも御利益ありげです。

▲毘沙門天（右）と大黒天（左）はどちらも表参道に鎮座

富士塚 ～転写された富士山～

富士塚アーティスト　有坂蓉子

富士山を望む場所に築かれた人造の聖地・富士塚

富士塚は、富士山信仰のもと「人の手で造られた聖地《せいち》」です。江戸時代から「これに登れば富士山に登ったのと同じ御利益がある」と言われてきました。「富士山のボク石（溶岩）を踏むのだから、富士登山と同じ」という理由からです。それは、お砂踏みにも通じるものでした。

江戸時代後期、それまで行者や聖職者しか入山できなかった修行の場・富士山が、ついに庶民の山となります。人々は「富士講」という地域の信仰サークルを結成し、こぞって富士を目指しました。

当時、庶民にとって信仰は特別なことではなく、富士講は、大山講、御嶽《みたけ》講、三峰《みつみね》講、出羽三山《でわさんざん》講、伊勢講、熊野講などと並んで人気を博し、「江戸は広くて八百八町、江戸は多くて八百八講、お江戸にゃ講中八万人」と言われるほどの盛況ぶりでした。

講とは、同じ目的を持った地域の集まり。誰でも入れた富士講は、富士山信仰を軸にしつつ、富士山の御利益をいただくための集団でした。縁起物に貪欲な江戸庶民の気質によって盛り上がったと思わ

©Kawaguchi Art Gallery ATLIA

有坂蓉子 Arisaka Yoko
美術家。東京藝術大学絵画科油画専攻卒。12年の米国滞在期間を含め、日本や米国にて、個展、グループ展、音楽やダンスとのコラボレーション、パフォーマンス多数。近年は、江戸時代より関東一円に流行した人工ミニチュア富士、「富士塚」をテーマにした作品を制作。作品制作と同時に「富士塚」の調査・研究を続け、2008年『ご近所富士山の「謎」富士塚御利益散策ガイド』、2012年『富士塚ゆる散歩　古くて新しいお江戸パワースポット』を刊行（いずれも講談社）。美術家視点で「富士塚」をユニークに紹介し、「富士塚アーティスト」としてTV、ラジオ、雑誌、新聞等、メディアにも多数登場。執筆や作品制作のかたわら、富士塚をめぐるツアーやレクチャーも行っている。　http://hibiscusfujizzz.blog.shinobi.jp

れます。
彼らの目的は富士登山でしたが、講員全員が富士山に行けるわけではありませんでした。くじに外れた講員や、高齢者、子供、女性たちは留守を預かり、富士山へ旅立った講員たちの無事を祈るしかなかったのです。そこで富士講は、地元民にも平等に富士山の御利益を分配すべく、身近に富士塚を造り、誰もが登拝できるようにしました。

富士山の神を降ろした富士塚は、それ自体浅間《せんげん》神社ですが、神のおわす富士山（奥宮）につながる中継地点でもあります。富士山がよく見える場所に造られ、富士山遥拝も兼ねていました。「体現的疑似登拝のツール」としてだけでなく、そこから富士山への祈念を飛ばす「送信所」の役割をも果たしていたのです。

のちの富士塚のモデルとなった戸塚村の「高田富士」

富士塚第一号は、安永8年（１７７９）、戸塚村（現在の新宿区西早稲田１丁目）に造られた高田富士。富士講の先達であり庭師だった高田藤四郎が地元の墳丘を利用して塚を造り、これを「富士のうつし」としました。登山道や合目石だけでなく、山肌にボク石を貼り、奥宮、小御嶽《こみたけ》神社、烏帽子《えぼし》岩、胎内など、富士山の聖地を再現したものでした。

高田富士は江戸時代のガイドブック「江戸名所図会」にも描かれるなど注目を集め、以後、これを雛形とした富士塚が次々と造られていきました。こうして高田富士や、浮世絵に描かれるほど人気を集めた富士塚は、ランドマークにまでなり、富士山信仰の広告塔的存在となりました。

富士塚は昭和10年頃まで造られ続け、現存する数も東京全域で約70、関東一円では３００以上あると言われています。ちなみに高田富士はその後、昭和39年（１９６４）に水稲荷神社と共に新宿区西早稲田3-5-43に移築され、現在では7月第3週目の土・日曜の「高田富士祭」でのみ公開されています。
自然発生的な現世利益はいつの

「江戸名所図会」に描かれた高田富士

世も根強いもの。遊び心と背中合わせで、民間に受け継がれてきました。現在でも、御利益をいただこうと老若男女が富士塚登拝にやって来ます。富士山のお山開きに合わせ、多くの富士塚で7月1日に開山式が行われます。その日にしかいただけない御朱印も多いので、是非訪れてみてください。

一度は訪ねたい 富士塚のある神社

鉄砲洲稲荷神社《てっぽうずいなりじんじゃ》「鉄砲洲富士」（中央区湊1-6-7）

浮世絵に描かれた「鉄砲洲富士」には、芸者衆が登拝に興じる場面が残されています。背後は江戸湊、傍らには廻船が停泊しています。寛政2年（1790）築造。

当時は、沖合からでもよく見え、入港の目印になったそうです。その後、神社ごと数回の移築を経たものの、急峻な姿は受け継がれてきました。現存の塚も45度の勾配があります。

石積みの荒々しい造りで、大振りのボク石も見事です。麓に胎内、頂上には金明水と銀明水が再現されています。

残念ながら今は登拝禁止ですが、かつての富士詣（日本橋から富士山北口まで歩く）を復活させた「富士山まで歩く講」の出発点になっています。（地図P109D）

十条富士神社《じゅうじょうふじじんじゃ》「十条富士」（北区中十条2-14-18）

日光御成道《おなりみち》（岩槻街道）沿いにある「十条富士」そのものが、十条富士神社であり、熊野より勧請された王子神社の境外社です。

富士塚は文化11年（1814）の築造とされますが、古墳転用説もあり、地元ではそれより古くからあったと信じられています。

小さな石積みながら、斜面には多くの石碑が鎮座しています。中腹の小御嶽神社、烏帽子岩の他、明治時代の廃仏毀釈《はいぶつきしゃく》の際に壊されたと思われる一対の猿像の足部分（頂上）も興味深い。

普段は静寂を保つ富士塚ですが、7月1日、2日のお山開きには、200の露店を出す祭りとなり、富士講は祭壇を設置し、「麦藁蛇」を頒布、頂上では護摩焚きを行います。（地図P109A）

台東区の小野照崎神社「下谷坂本富士」（P88）、新宿区の成子天神社「成子富士」（P94）、文京区の駒込富士神社「駒込富士」（P90）、渋谷区の鳩森八幡神社「千駄ヶ谷富士」（P92）は、本文をご参照ください。

第5章

神社と神様の基礎知識

不思議でおもしろく、
知るほどに楽しい
神様の世界

神様たちの素顔とは？ ～御利益の由来を知ろう～

私たちは、神社の御祭神にいろいろなお願い事をしますが、なぜその神様にその御利益があるのか、意外と知らないもの。ここでは神様の御霊験を正しく受け取ることができるよう、その素顔や由来をご紹介します。

伊邪那岐神《いざなきのかみ》・伊邪那美神《いざなみのかみ》

日本神話では、天地ができたときに現れた最初の夫婦神です。この神々から日本の国土そのものや、ほかの多くの神々が誕生しました。まさに日本の祖神と考えられ、縁結びや諸願成就の御利益が大きいのもうなずけます。

天照大御神《あまてらすおおみかみ》

伊邪那岐神が禊《みそぎ》をしたときに生まれた三貴子《みはしらのうずのみこ》のひとりで、皇室の祖神です。太陽神でありながら女神ですが、日本人の総氏神として崇敬されています。天照大御神を祀る伊勢神宮内宮《ないくう》では、個人的な願い事よりも、国や周囲の人々のことを祈念するといいそうです。

須佐之男命《すさのおのみこと》

天照大御神の弟神で、神々の住む高天原《たかまがはら》で乱暴を働いたため地上に追放され、根の国（地下世界）の支配者となりました。複雑な神格を持つ神様ですが、神話に登場する神々の中でも特に人気が高く、地上の支配者としての一面も持つと考えられています。御利益は厄除けや五穀豊穣、縁結びなど数多くあります。

宗像三神《むなかたさんしん》

天照大御神と須佐之男命の誓約によって生まれ出た多紀理姫命《たぎりひめのみこと》・市杵島姫命《いちきしまひめのみこと》・多岐都姫命《たきつひめのみこと》の三人の女神です。海の神として知られ、海上安全や交通安全、豊漁や商売繁盛の御利益があります。このうち市杵島姫命は、仏教の弁財天と同じ神様ともいわれています。

大国主神《おおくにぬしのかみ》

須佐之男命の子とも六世孫ともいわれる神様で、出雲地方を舞台とした「出雲神話」の主人公です。須佐之男命の導きによって地上の支配者になったあと、高天原の神々に「国譲り」を要求され、出雲大社に鎮まりました。御利益は縁結びや厄除け、商売繁盛など。

少彦名神《すくなひこなのかみ》

大国主神の国造りに協力した万能の神様です。体は小人のように小さいのですが、医薬・農業・漁業・土木・酒造などあらゆる知識を持ち、厄除けを中心にこれらすべてに関する御利益があります。

宇迦之御魂神《うかのみたまのかみ》

須佐之男命の子のひとりで、穀物の神様です。稲荷神としても知られ、同じ食物神の伊勢神宮外宮《げくう》の豊受大御神《とようけのおおみかみ》と同一視されることもあります。御利益は五穀豊穣、商売繁盛、芸能上達など。

迦具土神《かぐつちのかみ》

霊威の強い火の神で、誕生のとき母の伊邪那美神を大火傷させ、死に至らしめたほどです。御利益はなんといっても火難除けです。

建御雷之男神《たけみかづちのおのかみ》

「国譲り」の際、十拳剣を波に逆さまに突き立てて大国主神に迫り、みごと国譲りに成功しました。その霊威の強さから勝負の神とされ、航海安全や厄除けの御利益も。

八幡大神《はちまんおおかみ》（応神天皇《おうじんてんのう》）

日本神話の系図には登場しない謎の神様です。第十五代応神天皇の神霊とされ、皇室の深い崇敬を受けています。仏教ともいち早く習合し、「八幡大菩薩《はちまんだいぼさつ》」とも呼ばれました。源氏などの武家にも信仰されたため勝負や国家鎮護の神ですが、縁結びの御利益もあり。

熊野大神《くまののおおかみ》（家都御子神《けつみこのかみ》ほか）

熊野神とは和歌山県の熊野本宮大社・速玉《はやたま》大社・那智《なち》大社（熊野三山）の神々の総称であり、本宮大社の家都御子神《けつみこのかみ》（須佐之男命）の別名ともいわれています。熊野三山には12ないし13の神々が祀られ、あらゆる願い事に霊験があります。

木花佐久夜比売命《このはなさくやひめのみこと》

天孫・邇邇芸命《ににぎのみこと》の妻となった女神です。燃えさかる火の中で三人の子を産み、安産・子育ての神様となりました。もちろん恋愛や縁結びの神様でもあります。富士山の浅間大神《あさまのおおかみ》のこととされます。

菊理媛神《くくりひめのかみ》

黄泉《よみ》の国から逃げ出そうとする伊邪那岐神と、それを追う伊邪那美神との間に現れ、二神の仲介をした女神です。巫女の性質を持つ神と考えられ、縁結びや五穀豊穣など多くの御利益があります。

菅原道真公《すがわらのみちざねこう》

歴史上の人物でありながら、神様としてここまで知られるようになったのは、菅原道真公ただひとりです。学業や和歌に優れた学問の神様で、厄除けの御利益もあります。

倭建命《やまとたけるのみこと》

天皇の御子ながら伝説的要素の強い倭建命は、御祭神であると同時に多くの神社の創建にも関わっています。御利益は商売繁盛など。

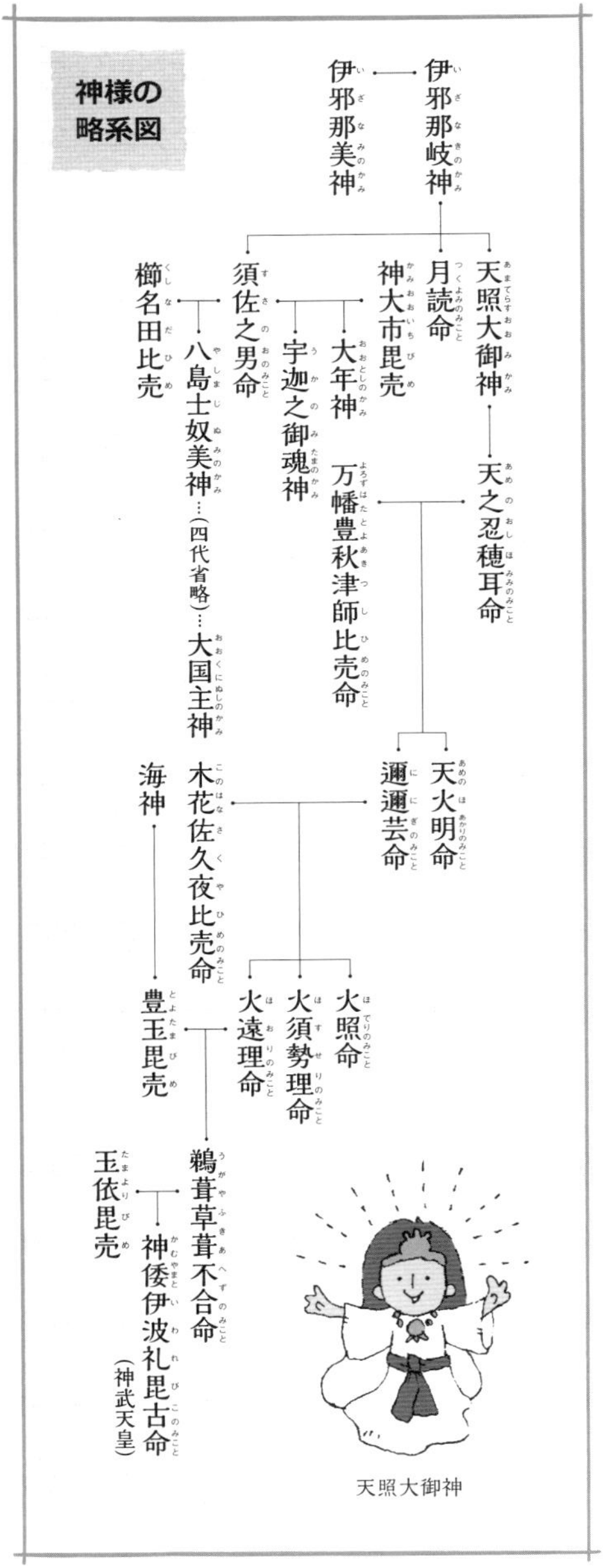

神社には系統がある？ ～お稲荷様、八幡様、天神様～

日本には神社がたくさんあります。その数は11万社とも、それ以上ともいわれます。これら数多くの神社には祀られている御祭神によって系統があり、大まかに分類することができます。ここでは、東京に多い神社をご紹介します。

稲荷神社《いなりじんじゃ》（宇迦之御魂神《うかのみたまのかみ》）

↓P106参照

八幡神社《はちまんじんじゃ》（八幡大神《はちまんおおかみ》＝応神天皇《おうじんてんのう》）

↓P106参照

神明社《しんめいしゃ》・天祖神社《てんそじんじゃ》（天照大御神《あまてらすおおみかみ》）

日本の総氏神とされる三重県の伊勢神宮を本宮とする神社です。芝大神宮（P82）、東京大神宮（P33）などがあります。

天満宮《てんまんぐう》・天神社《てんじんしゃ》（菅原道真公《すがわらのみちざねこう》）

天満宮は福岡県の太宰府天満宮を本宮とします。天神社を名乗る場合は、もともと神話の系統にはない「天神」を祀る社だったことが多いようです。亀戸天神社（P72）や湯島天満宮（P64）など。

熊野神社《くまのじんじゃ》（熊野大神《くまのおおかみ》）

和歌山県の熊野本宮大社を本宮とする熊野神社も東京に多く、昔は「熊野権現」と呼ばれました。

氷川神社《ひかわじんじゃ》（須佐之男命《すさのおのみこと》）

↓P105参照

大鳥神社《おおとりじんじゃ》（倭建命《やまとたけるのみこと》）

大阪府の大鳥大社を本宮とし、大鳥神社、大鷲（鷲）神社、鳥越神社などとして全国にみられます。

日枝神社《ひえじんじゃ》（大山咋神《おおやまくいのかみ》）

滋賀県の比叡山にある日吉大社が本宮です。日枝神社（P78）など。

諏訪神社《すわじんじゃ》（建御名方神《たけみなかたのかみ》）

長野県の諏訪大社が本宮。埼玉や東京北部に多く鎮座しています。

旧武蔵国《むさしのくに》には「一《いち》の宮《みや》」が二つある

本書では東京の神社の御朱印を紹介してきましたが、じつは東京には「一の宮」（「一宮」とも）が二つあるのを御存じでしょうか。

もっとも、東京という言い方は正確ではなく、江戸時代までの日本には「国」という行政区分があり、現在の東京が属していた武蔵国には、ほかに埼玉県全域と神奈川県の一部も含まれていました（東京の一部は旧下総国《しもうさのくに》）。ここでは便宜上、旧武蔵国を東京として話を進めます。

「一の宮」は中世に定められたもので、それぞれの国でもっとも崇敬のあつい神社が選ばれました。朝廷から派遣された国司《こくし》が一番先に参拝したのがこの「一の宮」です。

旧武蔵国の「一の宮」は、現在の埼玉県さいたま市にある大宮氷川《おおみやひかわ》神社《じんじゃ》であったとされています。しかし、江戸時代より古い文献によると、当時の一の宮は現在の東京都多摩市の小野神社《おのじんじゃ》だったそうです。

次に社格の高い「二の宮」は現在の東京都あきる野市の二宮神社《にのみやじんじゃ》で、大宮氷川神社は「三の宮」と記されていました。

さらに武蔵国には「四の宮」の秩父神社《ちちぶじんじゃ》（埼玉県秩父市）、「五の宮」の金鑚神社《かなさなじんじゃ》（埼玉県児玉郡）、「六の宮」の杉山神社《すぎやまじんじゃ》（神奈川県横浜市）まであり、これら六所宮が総社である大國魂神社《おおくにたまじんじゃ》（東京都府中市）に祀られていました。

このように、「一の宮」から「六の宮」まであったということ自体、武蔵国には有力な神社が多かったという証しですが、時代によって「一の宮」の座が交替する、ということがあったのかもしれません。

小野神社は現在の規模こそ大きくありませんが、創建は神話の時代まで遡るとされ、御祭神の天下《あめのした》春命《はるのみこと》も神代に降臨し、武蔵野の祖神として崇敬される神様です。

現在は小野神社・大宮氷川神社どちらも旧武蔵国「一の宮」を名乗っており、一の宮争いに決着はついていないようです。

東京の神社を深く知る②

出雲《いずも》の神を祀る氷川神社《ひかわじんじゃ》が東京に多いわけ

神社は日本全国どこにでもありますが、地域によってその顔ぶれはけっこう異なるものです。たとえば、東京や埼玉の人しか名前を聞いたことがない神社として「氷川神社」が挙げられます。二百八十数社ある氷川神社のほとんどが、旧武蔵国《むさしのくに》に鎮座しています。総本社は❶にも登場した、大宮氷川神社です。

大宮氷川神社の御祭神は須佐《すさ》之男命《のおのみこと》と妻の稲田姫命《いなだひめのみこと》、大己貴命《おおなむちのみこと》(大国主神《おおくにぬしのかみ》)。須佐之男命は、京都市の八坂神社《やさかじんじゃ》や愛知県津島市の津《つ》島神社《しまじんじゃ》を中心に祀られている神様です。天照大御神《あまてらすおおみかみ》の弟神で、『記紀』神話では高天原《たかまがはら》を追放されて出雲の地に降臨し、そこで八岐大蛇《やまたのおろち》を退治するなどの活躍をしました。出雲大社の本殿の真後ろにある「素《そ》鵞社《がのやしろ》」にも祀られ、最近はパワースポットとしても知られています。

この、出雲に関わりの深い神様を祀る神社が、なぜ東京に多いのでしょうか。じつは武蔵国の開拓以前、国造《くにのみやつこ》として派遣されてきたのが出雲族の兄多毛比命《えたもひのみこと》という人物でした。彼がこの地に、尊崇する故郷・出雲の神々を祀ったのでしょう。そして氷川神社という聖地を本拠地として、武蔵野の開拓を進めていったのではないかと考えられています。

氷川神社のほかにも、埼玉県毛《も》呂山町《ろやままち》の出雲伊波比神社《いずもいわいじんじゃ》や、久喜《くき》市の鷲宮神社《わしのみやじんじゃ》にも、出雲族の祖神・天穂日命《あめのほひのみこと》や多くの出雲神が祀られています。

大宮氷川神社は、もともと見沼《みぬま》という沼に棲む龍神を祀った神社だという話もありますが、出雲大社の御祭神もじつは龍神だというウワサもありますから、その点でも興味は尽きません。

考えてみれば、東京の鎮守神といわれる神田神社（神田明神）の御祭神も大国主神であり、東京では出雲の神々が大活躍しているようです。

国家鎮護の八幡神社《はちまんじんじゃ》、現世利益《げんせりやく》の稲荷神社《いなりじんじゃ》

全国の神社には御祭神によって系統があることはお話ししましした（P103参照）。ひとくちに系統といってもじつに数多くありますが、日本全国どこに行っても必ず見かけるのが、八幡神社と稲荷神社ではないでしょうか。

そもそも、なぜ同じ神様を祀る神社があちこちにあるのかというと、神様の霊というものは火と同じで、いくつに分けたとしても大本《おおもと》がなくなることはないと考えられたためです。そこで有力な神様の霊は次々に勧請《かんじょう》され、神社の数もどんどん増えていったのでしょう。

八幡神社は、大分県宇佐市の宇《う》佐八幡宮《さはちまんぐう》から全国へ広がっていった神社です。お祀りする八幡神《はちまんじん》は日本の神話には出てこない、謎めいた出自の神様です。八幡神に祈願したところ、武将たちには勝利がもたらされ、朝廷は反乱を鎮圧する力を得たりして、しだいに武力の神様として信仰されるようになりました。

地域の鎮守「八幡様」としての親しみやすい一面も持っていますが、やはり、国家鎮護の神というイメージが強烈です。

いっぽう稲荷神社のほうは、路地や商店街に祀られた小さな社も多く、「お稲荷様」と呼ばれて、より身近な神様という気がします。お稲荷様は現世利益に強い神様ですので、やがて市井《しせい》の人々が身近なことを何でもお願いする神様になっていったのかもしれません。

こうした稲荷信仰がいつ始まったのかについても諸説あります。はるか昔、古墳時代と呼ばれるころ古墳上に建てられていた神社がお稲荷様だったのではないかという説もあるなど、こちらもまた謎の多い神秘的な神様です。

どちらも謎めいていながら、対照的な一面を持つ八幡神社と稲荷神社。この二つの神社が東京はもちろん、全国あらゆる場所に鎮座しているのも興味深いことです。

東京の神社を深く知る④

東京は、江戸から続く結界《けっかい》都市

東京の神社は、皇居すなわちかつての江戸城を中心に配置されている、と聞いたら驚かれるでしょうか。東京がはじめて日本の中心となった江戸時代、江戸城に入った徳川家康は、この地を聖地として守るためにさまざまな装置を施しました。そのひとつが寺社による結界守護なのです。

平安京が西の白虎《びゃっこ》、東の青龍《せいりゅう》、北の玄武《げんぶ》、南の朱雀《すざく》という霊獣に守られた「四神相応《ししんそうおう》」の地だったことは知られています。もちろん実際に霊獣がいたわけではなく、それらに見立てた山や川に守られていたということ。江戸城も同様に、西に東海道、東に隅田川、北に麹町台地、南に江戸湊《みなと》があり、やはり四神によって結界を作る四神相応の地と考えられたのです。

さらに徳川家は江戸城の周囲に多くの寺社を配しました。現在の東京の地図を見ると、皇居の丑寅《うしとら》(東北)=鬼門《きもん》と呼ばれる方角には、上野寛永寺《かんえいじ》、神田神社、浅草寺《せんそうじ》、浅草神社、鳥越《とりごえ》神社など多くの寺社があるのがわかります。また、その逆の未申《ひつじさる》(南西)=裏鬼門には、日枝《ひえ》神社、赤坂氷川神社、愛宕《あたご》神社、増上寺《ぞうじょうじ》などが配されています。

鬼門とは、鬼や魔物などが侵入すると考えられた方位で、かつてはこの方位にさまざまな「鬼門除け」を置き、邪悪なものを避けました。裏鬼門も同様で、そこに神社やお寺を配置することで、強力な結界守護になると考えられたのです。

これらは中国から伝わった風水《ふうすい》思想によるもので、当時の為政者にとって、こうした一種の呪術は支配のための大切な手段のひとつでした。

神社の鳥居や拝殿の注連縄《しめなわ》なども俗世と聖域を区切る結界で、狛犬などで守護されていますが、それどころか神社そのもので江戸城の結界を守護するという、スケールの大きさには驚かされます。

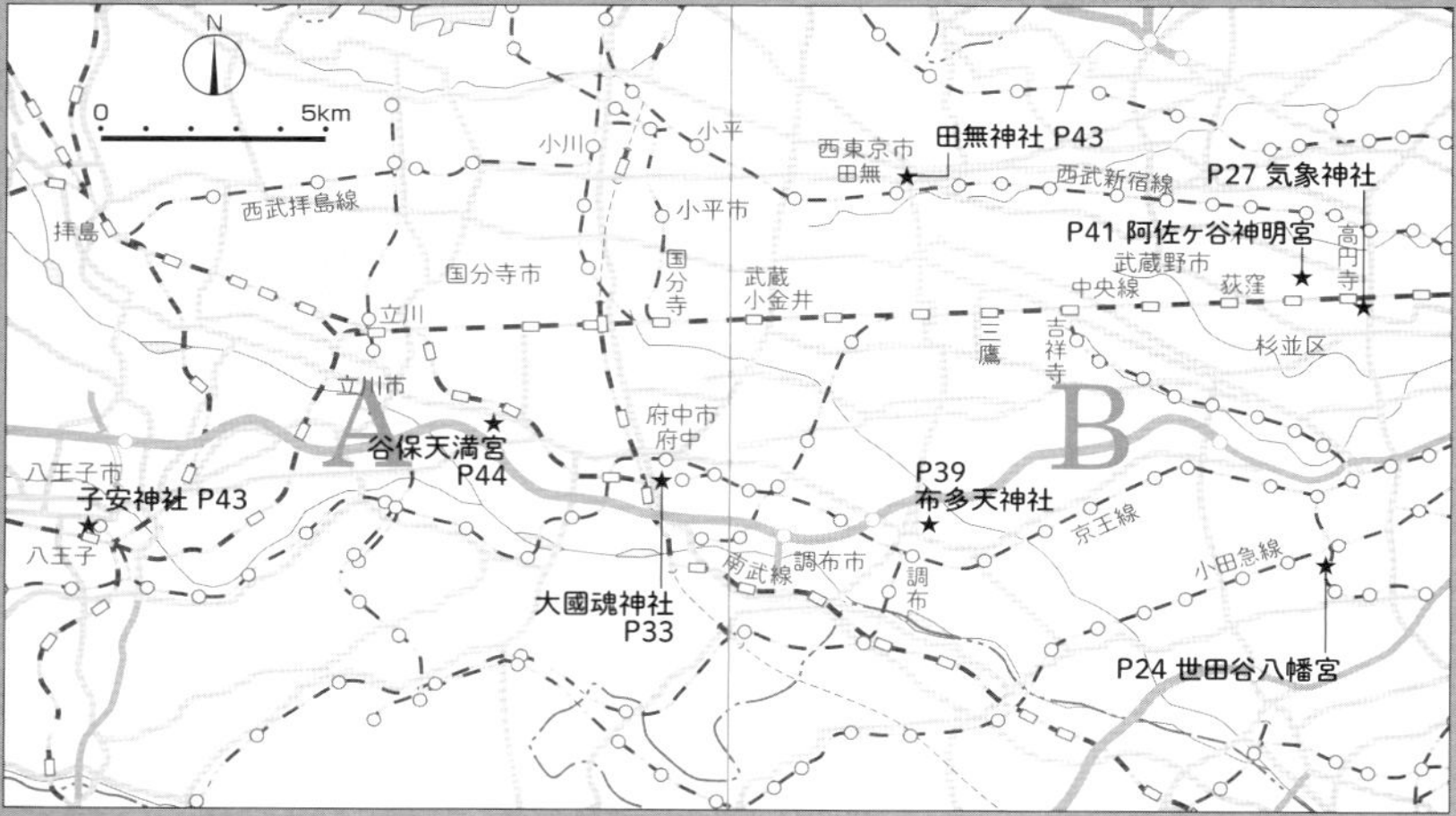

神社を守護する狛犬にも
さまざまな形があります

湯島天満宮（吽像）

浅草神社（阿像）

芝大神宮（吽像）

神田神社（阿像）

牛天神北野神社（阿像）

白山神社（吽像）

鳥越神社（阿像）

索引図

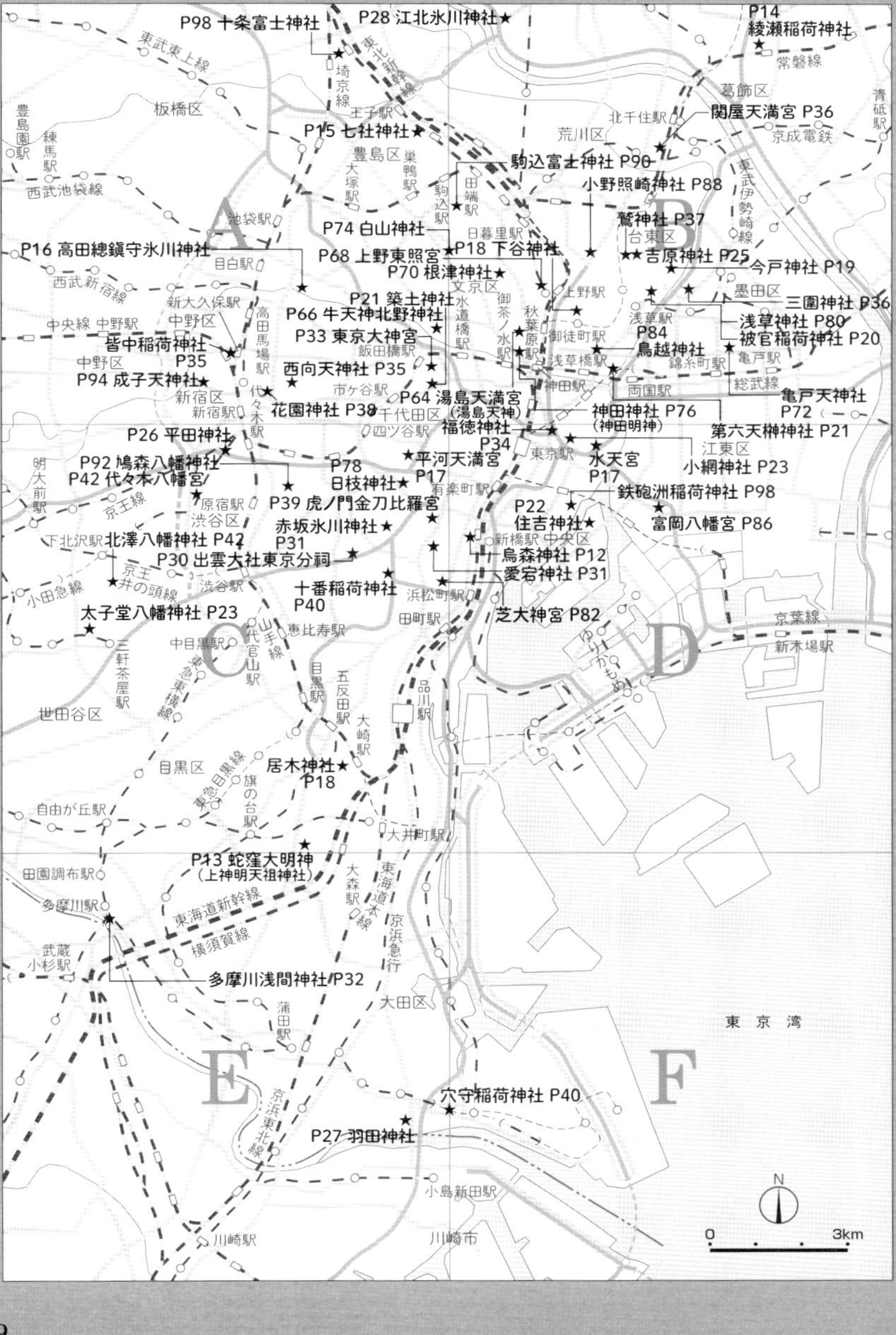

P98 十条富士神社
P28 江北氷川神社
P14
綾瀬稲荷神社
東武東上線
埼京線
東北新幹線
常磐線
葛飾区
板橋区
王子駅
関屋天満宮 P36
北千住駅
豊島園駅
練馬駅
P15 七社神社
荒川区
京成電鉄
青砥駅
豊島区
巣鴨駅
大塚駅
駒込富士神社 P90
西武池袋線
田端駅
駒込駅
小野照崎神社 P88
東武伊勢崎線
池袋駅
鷲神社 P37
P74 白山神社
日暮里駅
台東区
P16 高田總鎮守氷川神社
P68 上野東照宮
P18 下谷神社
吉原神社 P25
目白駅
今戸神社 P19
P70 根津神社
文京区
西武新宿線
上野駅
墨田区
P21 築土神社
三囲神社 P36
新大久保駅
高田馬場駅
水道橋駅
御茶ノ水駅
秋葉原駅
P66 牛天神北野神社
浅草駅
浅草神社 P80
中央線 中野駅
中野区
御徒町駅
P84
被官稲荷神社 P20
P33 東京大神宮
皆中稲荷神社
P35
鳥越神社
飯田橋駅
浅草橋駅
亀戸駅
中野区
錦糸町駅
西向天神社 P35
P94 成子天神社
新宿区
市ケ谷駅
神田駅
両国駅
総武線
代々木駅
P64 湯島天満宮
(湯島天神)
花園神社 P38
亀戸天神社
新宿駅
千代田区
神田神社 P76
(神田明神)
P72
四ツ谷駅
福徳神社
第六天榊神社 P21
P26 平田神社
P34
東京駅
江東区
水天宮
明大前駅
P92 鳩森八幡神社
P78
平河天満宮
小網神社 P23
P42 代々木八幡宮
日枝神社
P17
P17
有楽町駅
鉄砲洲稲荷神社 P98
原宿駅
京王線
P39 虎ノ門金刀比羅宮
P22
渋谷区
住吉神社
富岡八幡宮 P86
赤坂氷川神社
下北沢駅
北澤八幡神社 P42
P31
新橋駅
中央区
P30 出雲大社東京分祠
烏森神社 P12
京王井の頭線
愛宕神社 P31
小田急線
渋谷駅
十番稲荷神社
浜松町駅
P40
太子堂八幡神社 P23
田町駅
芝大神宮 P82
京葉線
恵比寿駅
中目黒駅
山手線
代官山駅
ゆりかもめ
新木場駅
三軒茶屋駅
東急東横線
目黒駅
五反田駅
品川駅
世田谷区
大崎駅
目黒区
東急目黒線
居木神社
P18
旗の台駅
自由が丘駅
大井町駅
P13 蛇窪大明神
(上神明天祖神社)
田園調布駅
大森駅
東海道本線
東海道新幹線
多摩川駅
京浜急行
横須賀線
武蔵小杉駅
多摩川浅間神社 P32
大田区
東京湾
蒲田駅
京浜東北線
穴守稲荷神社 P40
P27 羽田神社
N
小島新田駅
0
3km
川崎駅
川崎市

五十音順さくいん

あ

赤坂氷川神社 港区赤坂 31・62
阿佐ヶ谷神明宮 杉並区阿佐谷北 41
浅草神社 台東区浅草 80
愛宕神社 港区愛宕 31・47・62
穴守稲荷神社 大田区羽田 40・46
綾瀬稲荷神社 足立区綾瀬 14
出雲大社東京分祠 港区六本木 30
今戸神社 台東区今戸 19・45・62
居木神社 品川区大崎 18・46
上野東照宮 台東区上野公園 68
牛天神北野神社 文京区春日 66
大國魂神社 府中市宮町 33
鷲神社 台東区千束 37・49
小野照崎神社 台東区下谷 88

か

皆中稲荷神社 新宿区百人町 35
亀戸天神社 江東区亀戸 72
烏森神社 港区新橋 12・47
神田神社（神田明神） 千代田区外神田 62・76
気象神社 杉並区高円寺南 27
北澤八幡神社 世田谷区代沢 42・49
小網神社 中央区日本橋小網町 23・48・55
江北氷川神社 足立区江北 28
駒込富士神社 文京区本駒込 90
子安神社 八王子市明神町 43・45

さ

下谷神社 台東区東上野 18
芝大神宮 港区芝大門 82
十条富士神社 北区中十条 98
十番稲荷神社 港区麻布十番 40
水天宮 中央区日本橋蛎殻町 17・55
住吉神社 中央区佃 22・47
関屋天満宮 足立区千住仲町 36

た

神社名	所在地	ページ
世田谷八幡宮	世田谷区宮坂	24
太子堂八幡神社	世田谷区太子堂	23
第六天榊神社	台東区蔵前	21
高田總鎮守氷川神社	豊島区高田	16
田無神社	西東京市田無町	43・48
多摩川浅間神社	大田区田園調布	32・62
築土神社	千代田区九段北	21
鉄砲洲稲荷神社	中央区湊	98
東京大神宮	千代田区富士見	33・49
富岡八幡宮	江東区富岡	86
虎ノ門金刀比羅宮	港区虎ノ門	39
鳥越神社	台東区鳥越	84

な

神社名	所在地	ページ
七社神社	北区西ヶ原	15
成子天神社	新宿区西新宿	94
西向天神社	新宿区新宿	35
根津神社	文京区根津	70

は

神社名	所在地	ページ
白山神社	文京区白山	74
鳩森八幡神社	渋谷区千駄ヶ谷	92
花園神社	新宿区新宿	38
羽田神社	大田区本羽田	27・46
日枝神社	千代田区永田町	78
被官稲荷神社	台東区浅草	20
平河天満宮	千代田区平河町	17
平田神社	渋谷区代々木	26
福徳神社	中央区日本橋室町	34
布多天神社	調布市調布ヶ丘	39
蛇窪大明神（上神明天祖神社）	品川区二葉	13

や・ま

神社名	所在地	ページ
三圍神社	墨田区向島	36
谷保天満宮	国立市谷保	44・48
湯島天満宮（湯島天神）	文京区湯島	64
吉原神社	台東区千束	25
代々木八幡宮	渋谷区代々木	42・62

本書の取材・執筆にあたり、ご協力いただきました神社および
関係各位に篤く御礼申し上げます。

●企画・編集　阿部一恵（阿部編集事務所）
●取材・執筆・撮影　久能木紀子／新井鏡子／荒井浩幸
●写真協力　浅草神社／穴守稲荷神社／上野東照宮／牛天神北野神社／亀戸天神社／神田神社／田無神社／東京大神宮／富岡八幡宮／鳥越神社／根津神社／花園神社／日枝神社／湯島天満宮
●編集協力　森明信／エルフ
●表紙デザイン・本文デザイン　岩城奈々
●イラスト　岩城奈々
●地図製作　㈱千秋社

神様《かみさま》と縁結《えんむす》び 東京《とうきょう》ステキな神社《じんじゃ》の御朱印《ごしゅいん》ブック

2015年12月25日　初版第1刷発行
2016年12月20日　初版第3刷発行

著者　久能木紀子
編集　ブルーガイド編集部
発行人　岩野裕一
発行所　㈱実業之日本社
〒153-0044 東京都目黒区大橋1-5-1　クロスエアタワー8階
☎03-6809-0452（編集）　☎03-6809-0495（販売）
ホームページ　http://www.j-n.co.jp/
印刷所　大日本印刷㈱
製本所　㈱ブックアート
DTP　㈱千秋社

ISBN978-4-408-00885-1（学芸第4）